大学教員準備講座

Preparing Future Faculty in Japan

夏目達也
近田政博
中井俊樹
齋藤芳子

Tamagawa University Press

はじめに

　教壇の上で大学院生が短い模擬授業を行い、他の大学院生や教員がよかった点と改善すべき点を指摘する。これは、名古屋大学において2005年から毎年開催されている大学教員準備プログラムでみられる光景です。大学教員をめざす多数の大学院生、任期付研究員、非常勤講師などが参加しています。将来のキャリアにつながる知識や技能を求めて集まった参加者の表情は、真剣そのものです。

　近年、大学教員に寄せられる期待は大きくなっています。多様化した学生への教育、高度化した研究の推進、地域社会へのサービス活動などが期待され、それらの職務を果たすために必要な資質が求められるようになりました。同時に、大学教員の採用方法も変化しています。採用時に研究業績のみを評価する大学は現在では少なくなりました。担当することになる授業のシラバスを作成させたり、実際に模擬授業をさせたりする大学が増加しています。また、大学教員としてどのような地域貢献ができるかを質問する大学もあるようです。このように、高度で多様な職務を遂行することが大学教員に期待されるため、その職業的特徴を理解し、必要な知識や技能を習得しておくことが求められているのです。

　本書は、大学教員職の役割を紹介し、大学教員に求められる知識と技能を提示することで、大学教員をめざす人を支援しようとするものです。その内容は、これまでの名古屋大学における大学教員準備プログラムで得られた経験に基づいています。したがって、大学教員をめざす大学院生、任期付研究員、非常勤講師などを本書の主な読者として想定しています。また、職務経験の少ない大学教員にとっても、自身の実践を振り返り、今後のキャリアを考えるために役立つ内容が含まれていると考えています。さらに、大学院生を擁する大学教員、ファカルティ・ディベロップメントの担当者、大学執行部、高等教育研究者などにも、大学教員をどのように養成したらよいのかと

いう観点で読んでいただきたいと願っています。

　本書の題名は、「大学教員準備講座」です。「大学教員」という用語を使っていますが、特別な場合を除き、本書では大学のみならず短期大学や高等専門学校などを含む高等教育機関の教員を指しています。正確には高等教育教員というべきですが、多くの人にとって聞き慣れた用語であるという理由で「大学教員」を使用しています。また、「大学教授」という用語を使う書籍もありますが、大学で初めて教員職を得る場合、一般的には教授ではなく、助教、講師、准教授が多いため、本書では「大学教員」という用語を使っています。

　「準備」という用語を使ったことにも理由があります。大学教員の基本的な養成は個別の学問分野で行われます。名古屋大学の大学教員準備プログラムと同種のプログラムは、アメリカでは Preparing Future Faculty と称されるように、やはり「準備」という用語が使われています。本書も、個別の学問分野で行われる大学教員の養成を支援し、読者が大学教員職に向けて円滑に移行できるように準備することを目的としているのです。

　本書の刊行にあたり、多くの方々からご協力をいただきました。髙木ひとみ氏（名古屋大学講師）、戸田山和久氏（名古屋大学教授）、鳥居朋子氏（立命館大学教授）、中島英博氏（名城大学准教授）、平野美保氏（ひらきプランニング）、堀江未来氏（立命館大学准教授）、安田淳一郎氏（名古屋大学研究員）には、大学教員準備プログラムの講師としてセッションを実際に担当していただきました。また、これまでの参加者からはプログラムの内容に対して有益なフィードバックをいただきました。木俣元一氏（名古屋大学教授）および久保田祐歌氏（名古屋大学研究員）には、本書の草稿段階にて貴重なコメントをいただきました。小川幸江氏（名古屋大学事務補佐員）には、資料の作成や書式の統一などにおいてご協力いただきました。そして、玉川大学出版部の成田隆昌氏と各務佐智子氏には、今回の出版にいたるまで相談に乗っていただき、編集やレイアウトデザインなどさまざまな点でお世話になりました。この場をお借りして、みなさまに御礼申し上げます。

　大学教員をめざす大学院生などを対象に書かれた書籍はこれまでにも刊行されていますが、本書は高等教育を専門とする教員が、大学院生を対象とし

たプログラムの経験を踏まえて執筆した点が新しいといえるでしょう。大学教員をめざす人が自身のキャリアを考えるうえで、本書が少しでも役に立つことを願っています。

2010年1月5日
執筆者一同

目　次

はじめに　*3*

1章　大学教員という職業 …………………………………… *11*
1. 大学教員職を理解する　*11*
2. 大学教員職の誕生と発展　*12*
3. 職業としての特徴　*15*
4. めざすべき大学教員像　*21*

2章　授業を設計する ………………………………………… *25*
1. 授業は設計から始まる　*25*
2. 授業のシラバス　*27*
3. 設計のポイント　*31*
4. 授業の設計力を高めるには　*35*

3章　教授法の基礎 …………………………………………… *37*
1. どのようなときに学生は学ぶのか　*37*
2. 授業づくりの基本の型　*40*
3. 学生を授業に巻き込む　*43*
4. 教授法を洗練させるには　*46*

4章　学習成果を評価する …………………………………… *49*
1. 評価するとはどういうことか　*49*
2. 教育評価の基礎知識　*50*
3. 評価の基本方針　*53*
4. 評価の具体的方法　*55*
5. 評価する立場になるとは　*59*

5章　学生に書く力をつけさせる　63
1. 学生はなぜ書くことに苦労するのか　63
2. 学生にレポートを書くための準備をさせる　65
3. 書くための突破口を学生にみつけさせる　69
4. 採点結果をフィードバックする　73
5. 学生に書く力をつけさせるには　74

6章　学生のキャリア形成を支援する　77
1. 大学生の就職をめぐる状況　77
2. 大学のキャリア形成支援の取り組み　78
3. キャリア教育の取り組み　82
4. キャリア形成支援に関する教員の役割　85
5. 学生を進路決定の主体にさせる　88

7章　大学教育におけるチームワーク　91
1. なぜ大学教育にチームワークが必要か　91
2. 大学教員も組織人である　93
3. 授業で困ったときはチームワークが役に立つ　95
4. 授業以外でもチームワークが役に立つ　98
5. チームに貢献する　101
6. 大学教育でチームワークを機能させるには　103

8章　研究のマネジメント　107
1. 大学における研究活動とそのシステム　107
2. 研究者としての大学教員　110
3. 研究活動のマネジメント　113
4. 研究マネジメントの予行演習　118

9章　社会サービスに取り組む ……………………………… 123
1. 大学の第三の使命　*123*
2. 市民と交流する　*128*
3. 企業と連携する　*131*
4. 大学教員として社会サービスに取り組む　*133*

10章　国際化のなかの大学教員 ……………………………… 137
1. 大学の国際化は何を意味するのか　*137*
2. 大学教育の国際化を促進する　*140*
3. 国際的な研究活動を展開する　*144*
4. 国際化から逃げない　*148*

11章　大学教員の倫理 ………………………………………… 151
1. 倫理の基本を知る　*151*
2. 教育をめぐる倫理　*154*
3. 研究をめぐる倫理　*158*
4. 倫理に関わる課題　*161*

12章　多様な高等教育機関 …………………………………… 165
1. 高等教育機関の多様な実態　*165*
2. 高等教育機関の種類　*165*
3. 大学における多様性　*169*
4. 大学における教育条件の格差　*172*
5. 多様な実態にいかに対処するか　*174*
6. 専門職としての力量形成　*176*

13章　大学教員のライフコース……………………………………… 179
　1. 大学教員になるまでのプロセス　　*179*
　2. 大学教員の職階と職務内容　　*182*
　3. 定年までの大学教員の生活設計　　*183*
　4. 教員の職務能力向上のための研修機会　　*187*
　5. 流動性を高める　　*188*

14章　大学教員への第一歩 ……………………………………………… 193
　1. 博士のキャリアを考える　　*193*
　2. 知識基盤社会における博士　　*196*
　3. 博士として自立するまでに　　*199*
　4. 大学教員をめざすあなたへ　　*201*

参考文献　　*205*
おわりに　　*216*
索引　　*220*

1章
大学教員という職業

1. 大学教員職を理解する

　大学教員は人気のある職業の1つです。自分が就きたい職業として大学教員を選ぶ子どもは多く、職業別順位では高いランクに入っています[1]。また、大学教員への転職をテーマとしたさまざまな本が出版されているように、他の職業に就いていても、いつか大学教員になりたいと考える人が少なくないようです。大学教員には、自分の興味や関心にそって研究ができる、留学や学会出張などで各地に出向くことができる、自由に時間が使える、個室の研究室が用意されている、社会的に信用があるなどのイメージがもたれているようです。

　大学教員をめざそうとするあなたは、これまでに多くの大学教員と出会っていることでしょう。あなたにとっておそらく大学教員は身近な職業の1つであり、そのため大学教員という職業を十分に理解していると思っているかもしれません。しかし、あなたがみてきたものは大学教員の一面に過ぎません。大学教員が教育と研究を行う職業ということは理解していても、授業以外にどのような教育活動があるのか、1日に何時間を研究活動に費やしているのか、大学教員の実際の労働条件はどのようなものなのかなどについて、きちんと理解できている人は少ないのではないでしょうか。

　職業選択は人生における大きな決断です。「周りがめざしているから」という漠然とした理由で選択することはお勧めできません。それでは、大学教員になったとしても、自分には合わない職業だったと後悔することになりかねません。この章では、大学教員の職業上の特徴を理解することによって、

あなたにとって大学教員職が情熱をもってめざせる職業なのかをしっかりと考えてみましょう。

2. 大学教員職の誕生と発展

　大学教員という職業を理解するためには、単に現在の状況を理解するだけでなく、その職業がどのように誕生したのかを知ることが重要です。ここでは、大学教員職のルーツを踏まえたうえで日本の大学教員の現状をみてみましょう。

2.1　大学教員職のルーツ

　世界中に現存する大学は、中世のヨーロッパの大学を原型としているといわれています。12世紀には、すでにパリとボローニャで大学が誕生していました。したがって、大学教員の原型も、中世の大学における教員に求めることができます[2]。

　初期の大学教員には、いくつかの特徴があります。第一に、ギルドという同業組合の原理が貫かれていたことです。パン屋や靴屋などのその他のギルドと同じように、大学は知識を学び教えあう者たちの組合として誕生しました。そのため、構成員の対等性を原則としながら共同の目的を追求するという、民主的で同僚的な運営が行われていました。運営上重要なことは、構成員のすべてが出席する総会で決定されました。学長や学部長などの役職者は、構成員の投票によって選出されました。構成員の対等性を原則としているため、選出された役職者にも大きな権限は与えられていませんでした。

　第二に、主に教育者としての役割が期待されていたことです。中世の大学には、教養を学ぶ基礎学部の上に、神学、法学、医学の上級学部が置かれていました。当時の大学教員には、聖職者、法曹、医者といった専門職と大学教員の後継者を養成することが求められていました。

　第三に、国際的な視点が求められていたことです。大学には、国境を越えてヨーロッパ各地から学生が集まってきました。大学における教授言語はラテン語であり、学生はラテン語という国際共通語を理解できればどの大学に

おいても学ぶことができました。また、大学が学生に与える学位は、ヨーロッパ中で通用するものとされていました。そのため、大学教員には、学生の多様性や学位の国際的な基準を意識しながら活動することが求められました。

ヨーロッパで誕生した大学は時代とともに世界中に伝播し、社会のなかにおける大学の位置づけも変わり、大学教員の役割も変貌してきました。しかし、同僚的な運営、教育活動の重視、国際性といった初期の大学教員の特徴は、形を変えながらも現在の大学教員に継承されているといえるでしょう。

2.2 日本の大学教員の現在

現在の日本の大学教員は、教授、准教授、講師、助教、助手から構成されています。表1.1は、職階別の大学教員数を示しています。2009年現在、約17万人の大学教員がいることがわかります。1998年には教員数が約14万人だったので、増加傾向にあるといえます。ただし、学生数が2005年の287万人を最大にその後減少していることを考慮に入れると、今後の教員数の増加はあまり期待できないでしょう。

准教授、講師、助教、助手に比べて教授の数が多いこともわかります。教授比率の高さは国際的にも顕著であり、日本の大学は極端に上位職の多

表1.1 大学の教員数（2009年度）

区分	国立			公立			私立			全体		
	男	女	計	男	女	計	男	女	計	男	女	計
学長	85	1	86	69	9	78	520	53	573	674	63	737
副学長	279	11	290	56	8	64	448	45	493	783	64	847
教授	20,225	1,567	21,792	3,595	729	4,324	36,251	5,922	42,173	60,071	8,218	68,289
准教授	15,352	2,238	17,590	2,540	873	3,413	14,852	4,952	19,804	32,744	8,063	40,807
講師	3,793	813	4,606	1,044	555	1,599	9,447	4,060	13,507	14,284	5,428	19,712
助教	13,463	2,737	16,200	1,776	803	2,579	11,957	5,098	17,055	27,196	8,638	35,834
助手	315	367	682	104	241	345	2,325	2,448	4,773	2,744	3,056	5,800
計	53,512	7,734	61,246	9,184	3,218	12,402	75,800	22,578	98,378	138,496	33,530	172,026

出所：文部科学省（2009）『平成21年度学校基本調査速報』より筆者作成。
注：短期大学や高等専門学校の教員はこの表には含まれていません。

い、他国の大学にはみられない逆ピラミッド型の組織であると指摘されています[3]。とくに、私立大学において教授比率が高いことがわかります。

女性教員は全体で約19％です。とくに上位の職や国立大学において女性教員の比率が少ないことがわかります。約12％だった1998年に比べ増加傾向にあるといえますが、国際的には依然として低い水準にあります。

図1.1は、大学教員の年齢構成を示したグラフです。大学教員の年齢が高いことがわかります。2007年における大学教員の平均年齢は48.9歳でしたが、平均年齢は年々上昇傾向にあります。一方、20代や30代前半が少ないことがわかります。初めて大学教員職につく年齢が高齢化しています。女性教員の比率は、若い年齢層において高くなっています。

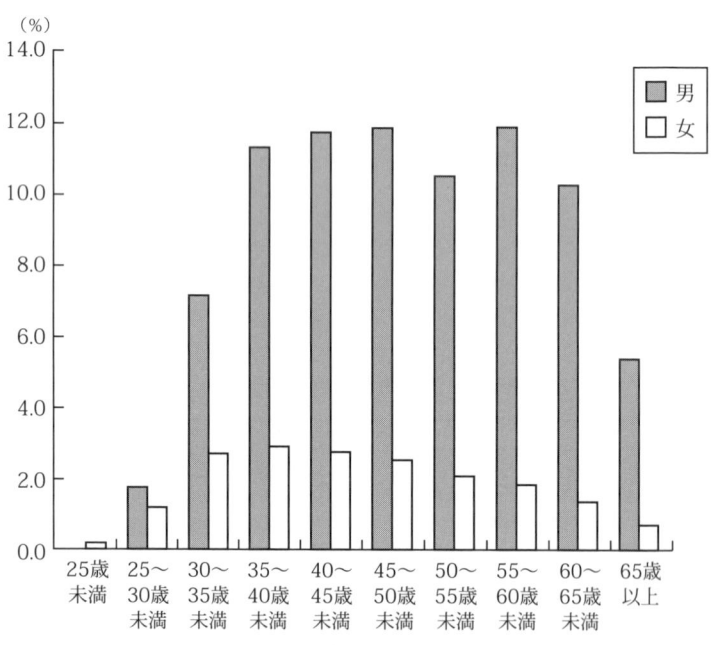

図1.1　大学教員の年齢構成

出所：文部科学省（2009）『平成19年度学校教員統計調査報告書』。

3. 職業としての特徴

　大学教員という職業にはどのような特徴があるのでしょうか。ここでは、求められる資格、専門職、学問の自由、期待される役割、実際の労働条件という側面から、大学教員の職業としての特徴をみていきます。

3.1　大学教員の資格

　まずは、どのような人が大学教員になれるのでしょうか。ここでは、大学教員になるために必要な資格や経歴をみてみましょう。大学教員の資格要件については、文部科学省の省令である大学設置基準において規定されています。大学設置基準は、大学を設置する際に必要な最低の基準を定めたものであり、設置された後も大学が維持しなければならない基準です。

　大学教員のなかで最も厳しい要件が課されている教授の資格は、大学における教育を担当するにふさわしい教育上の能力をもっており、以下の6つの条件のいずれかを満たすことです。

> ①博士の学位を有し、研究上の業績を有する者
> ②研究上の業績が前号の者に準ずると認められる者
> ③専門職学位を有し、当該専門職学位の専攻分野に関する実務上の業績を有する者
> ④大学において教授、准教授又は専任の講師の経歴のある者
> ⑤芸術、体育等については、特殊な技能に秀でていると認められる者
> ⑥専攻分野について、特に優れた知識及び経験を有すると認められる者

　6つの条件のいずれか1つでも該当する者は、教授になる資格があるということになります。博士の学位についても、教授の必要不可欠な要件ではなく、研究業績や経歴で代替できることになります。また、准教授の資格は修士の学位を有することが要件の1つになり、教授の資格よりもゆるやかになります。このように、制度上は大学教員になるための要件は厳しくありま

せん。各大学の裁量によって多様なキャリアをもった人材を採用することで、大学が活性化されると考えられているからです。実際、民間企業、官公庁、研究所などでの勤務経験をもった人材を、大学は積極的に採用しています。

ここで述べてきたものは、大学教員になるために必要な資格に過ぎません。実際の大学教員の採用数は、有資格者数や博士課程修了者数などによって決まるわけではありません。医学部卒業生の大半が医師国家試験に合格し医師になるような養成制度とは全く異なった形で、大学教員の養成制度はつくられています。制度的な資格要件と実質的な採用基準に大きな乖離があることが、大学教員職の特徴といえるでしょう。

3.2　特別な専門職

大学教員職は、英語でAcademic Professionといわれ、大学に所属して学術活動に従事する専門職です。弁護士や医者などと同様に、専門職としていくつかの特徴をもっています。

第一に、高度に体系化された専門的な知識や技能に基づいて活動するということです。大学教員職に就くまでには、大学院などにおける長い期間の準備教育を必要とします。ただし、他の専門職と異なり明確な資格や試験が存在しないため、大学教員になるまでのキャリアは多様になっています。

第二に、公共の利益を第一義的に重視するということです。大学教員は、知の創造と継承という活動を通して、広く社会の発展に寄与することが求められます。また、教育基本法において、「自己の崇高な使命を深く自覚し、絶えず研究と修養に励み、その職責の遂行に努めなければならない」と規定されているように、大学教員は自らの役割の重要性を意識する必要があります。

第三に、活動を進めるうえで一定の裁量を与えられていること、そのため同時に大学教員としての自己統制も求められることです。高度な知識や技能を有し、またその活動が社会に大きな影響を与えるからです。

第四に、相対的に高い社会的威信を享受しているということです。職業威信に関する調査研究においても、大学教員は医師、裁判官、パイロット、大企業の社長などと同様に威信の高い職業として認識されています[4]。

一方で、大学教員は一般的な専門職とは決定的に異なる特徴をもっています。それは、弁護士や医者といった他の専門職を大学教員が養成していることです。このように、専門職を養成する専門職という性格を備えているため、大学教員職はキー・プロフェッションとも呼ばれています[5]。

3.3 学問の自由という考え方

大学教員職を特徴づける最も重要な概念は、学問の自由（Academic Freedom）です。学問の自由は、歴史を通して大学教員が共有し大切にしてきた考え方です。学問的活動は知的好奇心に基づくものであり、外部の権威から介入や干渉をされることなく自由に行われるべきであるという考え方です。学問の自由という考え方は、世界中に普及しており、日本においては日本国憲法によって保障されています。

大学の自治は、学問の自由という考え方に基づいています。大学における学問的活動が自由に行われるためには、大学自らが管理運営することが必要不可欠であると考えられているのです。誰を教員として採用するのか、どの教員を免職にするのか、誰を学長や学部長に選ぶのか、カリキュラムをどのように編成するのか、どの学生に学位を与えるのかなどといった運営において重要な事項は、大学の構成員が決定することができ、外部の権力者の圧力などに従う必要はありません。

学問の自由は、大学の外部から自動的に与えられたものではありません。長い大学の歴史において大学教員がさまざまな権力からの干渉や弾圧と対峙しながら確立してきたものです。大学の管理運営に関わることを嫌う大学教員もいますが、大学の管理運営に参加することは大学教員自身にとって重要な意味をもっていることがわかるでしょう。今後も大学教員が学問の自由を享受するためには、大学教員として学問の自由を主張すると同時に、その自由が社会から負託を受けたものであり、社会に対する義務を負うものであることを十分に自覚すべきでしょう。

3.4 多様な役割と葛藤

大学教員は、時として教育者、研究者、科学者、専門家、学者などさまざ

まな名称で呼ばれることがあります。このような多様な名称は、大学教員が社会に対してさまざまな役割を担っていることや、大学教員集団のなかにも多様性があることを示しています。

　大学教員職の理念と実態は、歴史とともに変化してきました。大学が誕生した中世の大学では、主に専門職を養成するための教育活動が大学教員に期待されていました。19世紀に近代科学を取り入れたドイツの研究大学のモデルが世界に広く普及し、研究活動が大学教員の役割として期待されるようになりました。さらに、近年では教育と研究という長期的観点からの社会貢献ではない、地域貢献、産学連携、国際協力などの直接的な社会サービスも期待されています[6]。

　今日の大学教員に期待される主要な職務は、教育、研究、社会サービスです。知識の伝達、知識の創造、知識の社会における活用と言い換えることもできるでしょう。大学教員職の理念は、教育、研究、社会サービスを通じた社会への貢献であり、教育者、研究者、奉仕者の役割を統合することといえます。大学の内部においては管理運営も重要な職務であるため、大学教員の実際の活動は、教育、研究、社会サービス、管理運営になります。

　大学教員にはさまざまな役割が期待されるため、時として個人の内面や教員間で葛藤があります。1つの葛藤は、コスモポリタン志向かローカル志向かというものです。コスモポリタン志向の教員は、独立した専門家や学者であることを重視します。ローカル志向の教員は、ある特定の大学の教員であることを重視します。専門分野と所属機関のどちらに帰属意識を強く感じるのかという違いになります。

　もう1つの葛藤は、教育志向か研究志向かというものです。自分自身のスタンスとして、教育者と研究者のどちらに重きを置くのかは個々の大学教員によって異なります。全国の大学教員を対象とした調査によると、教育志向の教員が32％であるのに対して、研究志向の教員が68％です[7]。他国の大学教員と比較すると、日本の大学教員は研究重視であることが指摘されています[8]。

　近年では、教育志向か研究志向かという二項対立を乗り越えるために、大学教員はどうあるべきかという観点から課題提起がなされています。大学教

員は、研究によって新たな知識を創りだすことは重要ですが、それ以外にも学問分野を超えて知識の意味を明らかにしたり、知識を社会に活用したり、知識を次の世代に継承したりすることも同時に重要です。カーネギー教育振興財団理事長であったボイヤーは、これらを発見の学識、統合の学識、応用の学識、教育の学識と呼び、大学教員にとってこの4つの学識が本質的かつ相互補完的であると主張しています[9]。そして、現状の研究業績中心の評価制度を批判し、広く大学教員の役割が評価されるべきであると提唱しています。

3.5 実際の労働条件

大学教員にも大学を職場とした労働者としての側面があります。実際の大学教員の労働時間は週に何時間くらいなのか、労働時間のなかで研究活動に費やすことができるのは何時間か、給与がどの程度なのか、活動に対する満足度がどの程度なのかは、大学教員職をめざすあなたにとって気になることではないでしょうか。

まずは、大学教員の仕事の進め方について、ある大学教員が書いた文章をみてみましょう。

「長時間労働はあたりまえで、週末といえども、仕事がとぎれることはめったにないことを覚悟しておいた方がよいし、できれば、こうしたスタイルに喜びを見出せるとよい。一般論として、科学者というのは、仕事に出かけて九時から五時まで働いて家に帰り、仕事で遭遇した問題はすべて忘れて家族や趣味に没頭する、といったタイプの仕事ではない。」

出所:フェデリコ・ロージ、テューダー・ジョンストン(高橋さきの訳)(2008)『科学者として生き残る方法』日経BP社、pp. 30-31。

ここで描かれた大学教員像はすべての大学教員にあてはまるものではなく、広く推奨されるべき姿ともいえないでしょう。しかし、大学教員の仕事の進め方の一面を表しているといえます。大学教員には、多忙になるいくつかの理由があるからです。

まず、大学教員の仕事は、自らの知的好奇心ややりがいと結びつくからです。より知りたい、より伝えたいという大学教員の欲求が活動のモチベーションになっているためです。また、教育や研究などの大学教員の活動は、ここまでやれば十分といった境界があいまいです。そのため、活動が無制限に拡大する可能性があります。時間で区切られているようにみえる授業であっても、授業に向けて準備をしたり、個々の学生のレポートに丁寧にコメントしたり、学生の相談に応じたりするなど、学生の学習を支援する活動に際限はありません。さらに、大学教員は、種類の違う仕事を並行して進める必要があります。教育、研究、社会サービス、管理運営において、さまざまな職務をこなすことが期待されています。

　それでは、全国の大学教員を対象とした調査の結果から、実際の労働時間をみてみましょう[10]。図1.2は日本の大学教員の1週間における労働時間を示したものです。大学教員は授業のある学期中では51.9時間、学生の休暇中で授業のないときは50.9時間を活動に費やしています。ただし、このデータは調査対象の大学教員の平均値であり、教員によって労働時間に個人差があります。たとえば15％以上の大学教員は、1週間で65時間以上を活動に費やしています。

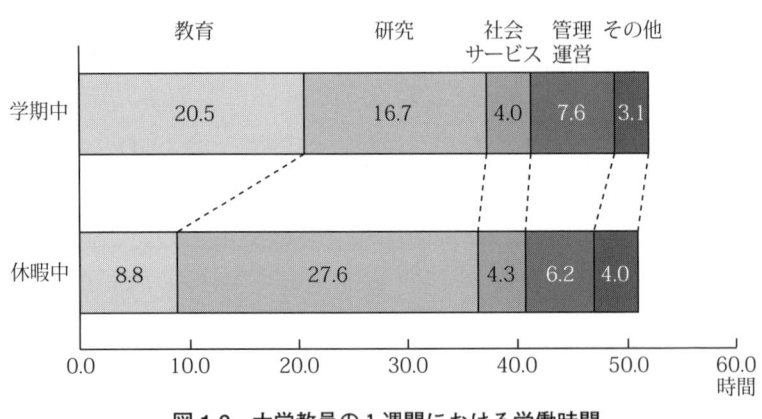

図1.2　大学教員の1週間における労働時間

　　出所：長谷川祐介（2008）「生活時間」有本章編『変貌する日本の大学教授職』玉川大学出版部、
　　　　　pp.198-221より筆者作成。

全体の時間はそれほど変わらないものの、学期中と休暇中では大学教員の時間の使い方が異なります。学期中には教育と研究を中心とした活動をしており、休暇中になると研究を中心とした活動に変わることがわかります。

　次に、学校教員統計調査の結果から大学教員の給与をみてみましょう[11]。大学教員の平均給与月額（平均年齢48.3歳で諸手当及び調整額を除く）は、46万1千円です。大学教員を対象とした調査によると、現在の給与に対して肯定的に評価している大学教員の比率は22％に過ぎないようです[12]。就職するまでに費やす金額と時間が他の職業よりも大きいという点を考慮に入れての評価だといえるでしょう。

　それでは、大学教員の自身の職業に対する満足度はどの程度でしょうか。大学教員を対象とした調査によると、活動全般について満足している教員は半数を超えています[13]。労働時間の長さや給与に対する不満があるものの、全体として大学教員は一定の満足度のある職業であるといえるでしょう。

4. めざすべき大学教員像

　中世に誕生した大学は、現在では世界中に普及しています。大学教員職も量的に拡大し、日本には17万人の大学教員がいます。量的に拡大したにもかかわらず、大学教員職は、依然として希望する誰もが就ける職業ではありません。長い準備期間と厳しい競争を乗り越える必要があります。そうであるからこそ、大学教員をめざそうとするあなたは、大学教員という職業について十分に理解しておくべきでしょう。

　すでに述べたように、大学教員職は他の職業とは異なる特徴をもっています。中世以来の長い伝統をもつ職業であり、キー・プロフェッションと呼ばれる特別な専門職です。そして、学問の自由という考え方は大学教員の活動のあり方に大きく影響を与えています。また、教育、研究、社会サービスなどの多様な役割を担っており、時として多様な役割が葛藤を生じさせることもあります。さらに、実際の労働条件に関しても大学教員ならではの特徴があります。

　本章で述べてきた内容は、これまで大学教員がどのような存在であったの

かという紹介にすぎません。大学教員をめざすあなたにとってより重要なことは、今後の大学教員はどのような存在であるべきなのかという問題を考えていくことです。大学教員のあるべき姿は長い歴史とともに変遷してきました。これまでの大学教員職の特徴を踏まえたうえで、あなた自身がめざすべき大学教員像をつくりあげることが大切なのです。

推薦図書

- 横尾壮英（1998）『大学の誕生と変貌－ヨーロッパ大学史断章』東信堂、3200円
  中世ヨーロッパで誕生した大学がどのようなものであったのかを知ることができます。学位、大学教員の俸給、大学教員資格、学部、設立と認可の方法、キャンパスと建物、地域社会との関係などのテーマにそってまとめられています。
- 潮木守一（2009）『職業としての大学教授』中央公論新社、1600円
  諸外国の大学教員と比較しながら、日本の大学教員の養成と選抜に関わる特徴を明らかにしています。大学教員のなかで教授の占める割合が極端に高い逆ピラミッド型の構造がいかにして生まれたのかを説明し、日本の大学が改革すべき方策を提案しています。
- アーネスト・ボイヤー（有本章訳）（1996）『大学教授職の使命－スカラーシップ再考』玉川大学出版部、2200円
  アメリカの大学における研究対教育という古典的な論争を乗り越え、大学教員職のもつ多面的な意味について問題提起しています。発見、統合、応用、教育という4つのスカラーシップ（学識）を提唱し、大学はそのすべてを促進することが必要であると主張しています。

注

1）2004年にベネッセ教育研究開発センターが実施した調査によると、なりたい職業ランキングにおける研究者・大学教員の順位は、小学男子では4位、中学男子では11位、高校男子では7位、高校女子では17位でした（ベネッセ教育研究開発センター（2005）『第1回子ども生活実態基本調査報告書』）。
2）中世の大学を扱う際には、多くの文献で教員ではなく教師という用語が使われていますが、本書では教員で統一しました。
3）大学教員における教授の割合は、アメリカ、イギリス、フランス、ドイツでは約20％程度であるのに、日本では40％に達し、頭部の肥大した特異な形になっていると指摘

されています（潮木守一（2009）『職業としての大学教授』中央公論新社）。
4）都築一治編（1998）『1995年SSM調査シリーズ5　職業評価の構造と職業威信スコア』文部省科学研究費補助金特別推進研究「現代日本の階層構造に関する全国調査研究」成果報告書。
5）Perkin, H. (1969) *Key Profession: The History of the Association of University Teachers*, Routledge and Kegan Paul.
6）たとえば中央教育審議会は、国際協力、公開講座、産学官連携等を通じた直接的な社会貢献の役割を、大学の第三の使命としてとらえていくことを提言しています（中央教育審議会（2005）『我が国の高等教育の将来像』）。
7）福留東土（2008）「研究と教育の葛藤」有本章編『変貌する日本の大学教授職』玉川大学出版部、p. 265。
8）カーネギー教育振興財団が行った大学教員職の国際比較調査によると、対象13ヵ国1地域のなかで、日本の大学教員はオランダに次いで研究志向が強いことが明らかにされています（江原武一（1996）「教育と研究のジレンマ」有本章、江原武一編『大学教授職の国際比較』玉川大学出版部、pp. 150-155）。日本の大学教員が研究志向である要因は、帝国大学モデルの普及、研究による一元的な評価、教育内容に関心をもたない学歴社会、教育改革の立ち遅れなどから説明されています（有本章（2005）『大学教授職とFD－アメリカと日本』東信堂、pp. 100-104）。
9）アーネスト・ボイヤー（有本章訳）（1996）『大学教授職の使命－スカラーシップ再考』玉川大学出版部。
10）長谷川祐介（2008）「生活時間」有本章編『変貌する日本の大学教授職』玉川大学出版部、pp. 198-221。
11）文部科学省（2009）『平成19年度学校教員統計調査報告書』。
12）天野智水（2008）「給与・収入」有本章編『変貌する日本の大学教授職』玉川大学出版部、p. 223。
13）南部広孝（2008）「労働条件」有本章編『変貌する日本の大学教授職』玉川大学出版部、p. 193。

（中井　俊樹）

2章

授業を設計する

1. 授業は設計から始まる

　今も昔も教育活動は大学教員にとって重要な職務です。教育活動を成功させるには、専門分野においてどのような知識や技能が重要なのか、そしてどのような順序や方法で教えたら学生の学習効果が上がるのかを考慮したうえで準備をしておかなければなりません。

　新任教員や教育経験の少ない教員の場合、専門分野の知識はある程度もっていたとしても、それを効果的に教えるための技能を十分に身につけていないことが少なくないようです。高校までの教員とは異なり、大学教員になるには教職に関わる講義や実習の履修が義務づけられていません。教えることに対して不安をもっている大学教員も実際に多いようです。そのため、大学教員をめざそうと考えているあなたにとって、まず身につけておきたいことは、教えるための知識や技能です。教えるという活動は複雑で高度な作業ですが、教え方の基本をしっかり身につけておけば、その後の実践を通して上達は早まります。

　授業を行うための第一歩は、事前にしっかりと授業を設計することです。この設計の出来が授業の成否を決定するといっても過言ではありません。本章では、あなたが大学における授業の設計力を高めるために必要な基本的な知識と技能を紹介します。

1.1　授業の準備の時期

　初めて授業を担当する場合、早くから準備を進める必要があります。極端

に感じるかもしれませんが、担当する授業が決まった直後から構想を練っても早すぎることはないでしょう。

　担当する授業に前任者がいる場合は、その教員から授業について話を聞いておくことをお勧めします。そして、可能であれば、シラバス、課題、配付資料、試験問題、成績評価の分布などの資料の提供をお願いして手に入れましょう。一方、新しく開講される授業を担当する場合は、他大学の類似した授業を参考にしたり、教科書として活用できそうな書籍を通読するなどして準備しておくことが必要です。

　授業を担当する教員には、授業の基本設計を決めなければならない時期があります。それは多くの場合、学生に配付する授業要覧の作成スケジュールに基づくことになります。前年度の冬頃に授業要覧を作成することが多いようです。大学によってはこの授業要覧をシラバスと呼ぶこともあります。授業目標、履修条件、授業内容、成績評価の方法、教科書、参考書、各回の授業内容などを記し、それを事務室に提出することが求められます。学生と対面する初回の授業の数ヵ月も前から、授業の準備は始まるのです。

1.2　授業設計とは

　日本語の「授業」という言葉には、複数の英語が対応します。ここでは、セッションとコースを区別することから始めます。セッションとは、通常週1回、90分間、教室で行われる教育活動を指します。「今日は第1限と第2限に授業がある」と言うときの「授業」のことです。一方、コースとは、学期にわたって通常15回のセッションから構成されるものです。「今学期は、4コマの授業を担当することになった」と言うときの「授業」のことです。

　このセッションとコースの区別が重要なのは、単にセッションが15回集まればコースになるわけではないからです。コースの目標の設定、学生の教室外での学習、課題の内容と提出方法、成績評価の基準と方法、授業におけるルールなど、コースには各セッション以上のものが含まれています。以後、本書において「授業を設計する」と表記するときの「授業」は、コースのことを指します。

　授業設計とは、ある学期を通じて担当する科目の学習の目標、学習の内容、

学習の方法、評価の方法などの全体像を設計することです。これから始まる授業の青写真を描く作業と言い換えてもよいでしょう。これまでの大学の授業に対しては、授業設計の視点を欠く、行き当たりばったりのものが多かったという批判もありました。

　授業設計において大事な問いは3つあります。授業を通して学生が到達すべき目標は何か、学生がどのように目標に到達するのか、そして、授業の目標に学生が到達したかどうかをどのように確認するのかの3つです。短い言葉に置き換えると、目標、方法、評価に対応し、それらが相互に整合的であることが重要です。目標ではある方向を示しているのに、評価が目標と異なった方向で行われては、授業がうまく設計されているとはいえません。目標にそって授業内容が構成され、評価も目標と授業内容に対応させることが大事です。

　あなたが設計した授業の全体像を、受講する学生にきちんと伝えましょう。シラバスは、そのための手段といえます。授業を設計するということは、実際にはシラバスを作成するという作業が中心になります。

2. 授業のシラバス

2.1　シラバスに対する誤解

　シラバスは1990年代半ばから日本の大学に広く導入されました。大学設置基準に、「大学は、学生に対して、授業の方法及び内容並びに1年間の授業の計画をあらかじめ明示するものとする」という内容が加えられ、現在では、ほとんどの大学でシラバスが導入されています。

　このように一見シラバスは日本の大学に定着しているようですが、効果的に活用されていない事例も少なくありません。教員や学生がシラバスの役割を正しく理解していないためです。それには日本の大学に特有な背景があります。日本の大学においてシラバスが普及した際に、アメリカの大学で使用されていた授業要覧とシラバスという目的や内容の異なる2つのものが混同されたためです。

アメリカにおいて、授業要覧は大学で開講されるすべての授業の内容を簡潔にまとめた冊子であり、一方シラバスは初回の授業で教員が受講者だけに配付する詳細な文書です。前者は学生が授業を選択するためのものですが、後者は受講生の学習活動を支援するものです。また、前者は大学によって項目や字数などが定められていますが、後者は教員が自由に記述することができ分量も多いのが一般的です。このように目的の異なる2つのもの、もしくはそれを統合したものを、日本の大学ではシラバスと呼んでいる場合があります。混同を避けるために、後者については学習支援計画書と呼ぶ大学もあります[1]。

2.2　シラバスとは

中央教育審議会の資料においては、シラバスが以下のように定義されています。学生が授業を選択する際の資料として位置づけられていながらも、受講生の学習を支援するという要素も組み込まれていることがわかるでしょう。

> 「各授業科目の詳細な授業計画。一般に、大学の授業名、担当教員名、講義目的、各回ごとの授業内容、成績評価方法・基準、準備学習等についての具体的な指示、教科書・参考文献、履修条件等が記されており、学生が各授業科目の準備学習等を進めるための基本となるもの。また、学生が講義の履修を決める際の資料になるとともに、教員相互の授業内容の調整、学生による授業評価等にも使われる。」

出所：中央教育審議会（2008）『学士課程教育の構築に向けて』

大学によってシラバスの定義は異なる可能性があるので注意を要しますが、授業を担当するにあたって重要なことは、受講生の学習を支援するシラバスをどのように作成するかということです。以後、本書においてシラバスは、初回の授業に受講者に配付される授業計画のことを指します。つまり、アメリカにおいてもシラバスと呼ばれている文書です。

シラバスには次のような3つの役割があります。第一に、教員と学生の契約書という役割です。たとえば学生から「今日提出のレポートがあるなんて

知りませんでした」と言われたとしても、「初回の授業でシラバスを配付して説明しましたよ」と言うことができます。もちろん、逆に言えば教員もシラバスにそって授業を進める義務を負うことになります。このようにシラバスは、学生と教員の双方が授業の成立に責任をもつことを促します。

第二に、学生の学習手引書という役割です。各回の授業の内容、参考文献、課題などが記され、授業の全体像が示されます。学生はシラバスをもとに自主的に授業外の学習を進めることができます。

最後に、学生への事務連絡文書という役割です。教員への連絡方法、オフィスアワー、レポートの提出方法や期限、教室内で守るべきルールなどを、まとめて伝えることができます。

2.3 シラバスをつくる意義

シラバスをなぜ作成しなければならないのかと疑問をもつ教員も実際にはいます。しかし、受講者に配付するシラバスを作成する意義は十分にあります。以下ではシラバスを作成する意義を4つにまとめました。

（1）学生の学習を効果的に支援できる

シラバスによって、学生は現在自分たちが授業全体のなかのどこにいて、どこに向かっているのかを知ることができ、安心感を得ることができます。また、教室外での学習活動や参考となる文献などが示されていれば、学生の主体的な学習を促すことができます。

（2）教員自身が安心して授業を進められる

学生だけでなく教員自身も、授業全体のなかのどこにいて、どこに向かっているのかをシラバスによって確認することができ、安心感が得られます。また、課題提出の締切りや授業のなかで守るべきルールなどを、そのつど周知する手間を省くことができます。さらに、一度丁寧に授業を設計すると、同じ授業を再度担当する際は授業の準備が格段に効率的になります。

（3）授業改善につながる

シラバスをつくる作業を通じて、教員は授業の全体像をより具体的なものにすることができます。話し方や板書の仕方を上達させることなどと比較す

ると、授業を設計する技能を向上させることは容易であるため、授業改善の効果がみられやすいという特徴があります。また、教員間でシラバスの内容を共有することによって、カリキュラム全体の改善も可能になります。

（4）授業への期待に対応できる

学生の多くはシラバスの内容の充実を求めています。シラバスによって学生の期待に応え、さらに授業に対して教員が入念に準備していることを示すことができます。また、大学の評価や他大学との単位互換などにおいてシラバスが授業の質を示す貴重な資料になるため、所属する大学からもシラバスの充実が期待されています。

2.4 シラバスに盛り込む内容

シラバスにはどのような情報を記載すべきでしょうか。表2.1はシラバスに盛り込むべき基本的な情報の例です。これら以外にも、授業を通して大事にしている問い、自分の教育観、授業に必要な用具、過去の試験問題の内容、レポートの書き方、特別な学習支援を必要とする学生への対応方法、読書案

表 2.1　シラバスに盛り込む基本的な情報

- 授業に関わる基本情報
    - 学習目標、授業で扱う内容
- 教員に関わる情報
    - 名前、研究室の場所、内線電話番号、メールアドレス、オフィスアワー、ティーチングアシスタントの名前、連絡先
- 授業のスケジュールに関わる情報
    - 各回で扱う内容、各回までに行う課題の内容、課題の提出方法と期限
- 受講生に関わる情報
    - 受講に必要な知識とスキル、受講条件
- 成績評価に関わる情報
    - 評価の基準、評価の方法
- 教材に関わる情報
    - 教科書とその入手方法、その他の補助教材とその入手方法、参考図書（図書館での所在）、参考になるウェブページのアドレス
- 受講のルールに関わる情報
    - 授業中に守るべきルール、資料配付のルール、課題提出のルール、教員へのコンタクトの方法

内、参加してほしいイベントなどを項目として加えている教員もいます。また、シラバスが形式的になりすぎないように、授業の内容に関わる絵や写真、教員の自己紹介、受講者へのメッセージなどを加えてもよいでしょう。

　初回の授業で配付するシラバスには形式や分量の制限がないので、自由に内容を追加してみましょう。シラバスの情報量に関しては、A4用紙1枚程度の分量のものもあれば、A4用紙10枚以上の分量のものもあります。シラバスの情報は、少ないよりも多いことが一般的に推奨されています[2]。

3. 設計のポイント

　授業を設計する際にはいくつかのノウハウがあります。以下では効果的な授業設計のポイントを5つにまとめました。

3.1　適切な学習目標を設定する

　授業を設計するときにまず必要となることは、適切な学習目標を設定することです。学習目標を考える際には、いくつかの視点を考慮してバランスをとることが重要です。以下では考慮に入れるべき4つの視点を紹介します。

（1）カリキュラムからの視点
　大学のカリキュラム全体を通して、どのような人材を養成しようとしているのか。担当する授業がカリキュラムのなかでどのような位置づけを与えられ、何を期待されているか。学生が履修する他の授業とどのような関連があるのか。

（2）学問分野からの視点
　自分が教えようとする学問分野ないしテーマにおいては、何が本質的で重要なのか。学問分野の研究成果を教えることを重視するのか、それとも学問分野特有の考え方や研究方法を教えることを重視するのか。

（3）受講者からの視点
　学生がその授業を受講するにあたって、どの程度の予備知識と能力をもっているのか。どのようなことに関心を抱いているか。どの程度の学習習慣が

身についているのか。卒業後どのような進路を選択しようとしているのか。

（4）物理的制約条件からの視点

どのような教室で授業をするのか。どのような情報機器が利用できるのか。ティーチング・アシスタントなどによるサポートが得られるのか。予想される受講者数は何人程度なのか。このような物理的制約条件のなかで実現可能なことはどういったものか。

3.2　学習目標を明確にする

「進化論について考察する」や「労働市場を概観する」といった学習目標の表現は適切とはいえません。このような学習目標の表現は、具体的にどのような知識や技能を身につけるかという観点ではあいまいさが残るためです。学習目標を誰にでもはっきりと伝わるようにすることは重要なことですが、それは多くの教員にとって簡単な作業ではないようです。

明確な学習目標を書くには、いくつかのコツがあります。以下の3点に注意するとよいでしょう。

（1）学生を主語にする

「○○を教える」や「××を紹介する」と書くと、それは教員の目標になります。授業設計においては、教員を主語にして目標を書くのではなく、学生を主語にして目標を書くことが推奨されます。学生を主語にして目標を記述した方が、学生の到達する目標がより明確になります。学習目標の欄を、「この授業が終了したときに、受講者のみなさんが次のような知識、技能、態度を身につけることを目標にします」と書き始めてみるのもよいでしょう。

（2）学生の行動で目標を示す

「考察する」や「概観する」といった目標は、教員が学生の到達度を確認しづらい目標であるといえます。より確認しやすい目標にするために、学生の行動として目標を書く方法があります。「○○を説明できる」、「△△を分析できる」、「□□について自分の意見を述べることができる」のように学生の行動として記述すると、どのように評価するのかが明確になります。

（3）条件や程度を設定する

　目標を明確にするために、条件や程度を設定することも有効です。たとえば「なめらかなフォームのクロールで60秒以内に50メートルを泳げるようになる」という目標は、「なめらかなフォームのクロールで」という条件と「60秒以内に50メートル」という程度が設定されており、学習者にとって目標が明確になります。

　学習目標が適切に設定されているかどうかを確認するために、SMARTという覚えやすいチェックリストがあります。作成した学習目標を5つの観点から振り返ってみましょう。

> Specific：獲得する知識や技能が具体的に設定されているか
> Measurable：目標の到達は評価できるものか
> Achievable：学習者が到達可能なものか
> Relevant：学習者のニーズにあったものか
> Timely：社会や時代のニーズにあったものか

3.3　学習成果からの逆算的思考をする

　学習成果からの逆算的思考をすることは、授業を設計するうえで重要です。具体的には、最後の授業が終わった後に学生にどのような知識、技能、態度が身についているかを明確にしたうえで、そのために授業をどのようにつくっていくのかを考えます。学生が最終地点にたどり着くまでにどのような学習が必要なのかを確かめる作業といえるでしょう。教員が伝えたい内容を厳選する作業でもあります。

　学習目標に到達するために必要な要素とその関係を明らかにする方法は、課題分析と呼ばれています[3]。授業全体の学習目標を、小さな具体的な学習目標に分類して、授業全体のなかでどのような順序で配列したら効果的に学べるのかを考えます。課題分析の結果を授業のスケジュールに反映させたら、授業の終わりまでに学生が学習目標で掲げた知識、技能、態度を無理なく身につけられそうかどうかを再確認します。

3.4　授業時間外の学習を充実させる

　学生の学習は、教室のなかだけでは十分ではありません。大学の単位という考え方には授業時間外の学習も含まれています。大学設置基準において、1単位の授業は45時間の学習を必要とする内容で構成されることが定められています。大学の授業で多くみられる2単位の授業は、15回の授業のなかで90時間分の学習量が期待されています。つまり、授業時間以上の学習量が授業時間外に期待されているのです。近年、学習時間の乏しい学生が相当の割合に上ることがさまざまなデータによって指摘され、学生の授業時間外の学習を促進し学習量を保証することが教員に求められるようになっています[4]。

　学習時間は、学生の学習成果を左右するきわめて大切な要素です。高い学習成果を期待するのであれば、学生の授業時間外の学習も念頭に入れて設計する必要があります。授業を設計しシラバスに反映させるときには、各回の授業内容に関わる予習と復習の内容、学生が課題を進めるための情報、授業時間外に学生が質問や相談を希望した場合の対応方法などを提示することが有効です。

3.5　他の教員の授業設計を参考にする

　初めて授業を担当する者にとって最も効率よく授業を設計する方法は、よくできている授業設計を参考にすることかもしれません。たとえばインターネットは、シラバスの見本の宝庫です。あなたの担当する「○○学」と「シラバス」をキーワードにして検索すると、多くのシラバスが公開されていることがわかるでしょう。また英語で検索すれば、世界中の大量のシラバスを参考にすることができます。あなたの尊敬する同分野の教員がどのように授業を行っているのかも、インターネットを通して知ることができるかもしれません。また、シラバスの書き方のテンプレートをファイルでダウンロードできるウェブサイトもあります[5]。

　現在ではシラバスのみでなく、講義ノート、課題、試験などの内容を公開する大学も増えています。マサチューセッツ工科大学のオープンコースウェ

アという試みはその先駆的な事例です[6]。最近では、日本の大学においても同種のウェブサイトが立ち上げられています[7]。それらの既存の教材を参考にすることで授業をより豊かなものにできるでしょう。

4. 授業の設計力を高めるには

　授業を設計する力は大学教員にとって重要な基本スキルです。効果的なシラバスを作成することができれば、初めて教壇に立つときでも安心感が得られます。シラバスを書く力は大学において重視されつつあります。教員の採用にあたって授業のシラバスを提出させる大学も増えているようです。この章で述べたいくつかのポイントを参考に、自分が担当することになりそうな授業のシラバスが書けるようにしておきましょう。

　一通り授業を設計できるようになったとしても、授業設計には大きな課題が残されていることも忘れないでください。それは、あなたの学問分野において何が本質的で重要なのか、そしてそれを次世代にどのように継承していくのかを考え、授業に反映させていくという課題です。こうした課題に対するあなた自身の考え方を明確にしていくことは挑戦的な取り組みであり、大学教員ならば生涯にわたって問い続けるべきことといえるでしょう。すぐれた授業を設計するには、専門家としての学問観や教育観が必要になるのです。

推薦図書

- **池田輝政、戸田山和久、近田政博、中井俊樹（2001）『成長するティップス先生－授業デザインのための秘訣集』玉川大学出版部、1400円**
　日本の大学の教育活動に基づいて作成された大学教員のための授業の秘訣集です。単に授業設計の方法や教授法がまとめられているだけでなく、架空の若手教員の物語、シラバスや授業アンケートなどの実例、場面別のチェックリストなどが含まれているなど、読みやすく使いやすいように工夫されています。

●鈴木克明（2002）『教材設計マニュアル－独学を支援するために』北大路書房、2200円
　　ステップにそって教材を設計するための方法を解説しています。教材を設計する際に注意すべき点がまとめられており、大学の授業を設計する際にも役立ちます。また、インストラクショナルデザインと呼ばれる教育の設計モデルの基本的な考え方を理解することができます。

●武内清編（2003）『キャンパスライフの今』玉川大学出版部、2100円
　　学生がどのような学生生活を送っているのかという実態を調査データに基づいて明らかにしています。授業、サークル活動、アルバイト、恋愛、社会意識、学生文化などから現代の学生の特徴を明らかにしています。近年の学生の勉学志向の高まりやアルバイトの日常化などがわかります。

　注

1) たとえば金沢工業大学ではシラバスを学習支援計画書と呼んでいます。
2) バーバラ・デイビス（香取草之助監訳）（2002）『授業の道具箱』東海大学出版会、p. 18。
3) 課題分析図を使った課題分析の方法もあります（鈴木克明（2002）『教材設計マニュアル』北大路書房）。
4) 中央教育審議会（2008）『学士課程教育の構築に向けて』、p. 20。
5) たとえば、http://www.cshe.nagoya-u.ac.jp/support/syllabus.html
6) マサチューセッツ工科大学のオープンコースウェアのウェブページでは、2009年現在で1900の授業の教材が公開されています（http://ocw.mit.edu/）。
7) 日本でオープンコースウェアを公開している大学を中心に設立された日本オープンコースウェア・コンソーシアムがあります（http://www.jocw.jp/）。

　　　　　　　　　　　　　　　　　　　　　　　　　　　　　　（中井　俊樹）

3章 教授法の基礎

1. どのようなときに学生は学ぶのか

　授業の現場は非常に複雑な空間です。教員の何気ない一言が学生のその後の学習に大きな影響を与えるかもしれないし、授業を通した学生同士の出会いがその学生たちの一生を変えることになるかもしれません。同じ教員の働きかけでも、学生によって受け止め方が異なることはよくあります。授業において、これさえやっておけばという万能薬はないのかもしれません。

　授業という空間が複雑だからといっても、授業の方法に技術やノウハウがまったくないというわけではありません。あなたもこれまで受けてきた授業の経験から、すぐれた授業とそうでない授業を自分なりに分類できるのではないでしょうか。教育学者も、どのような条件において学生の学習が促進されるのかについて研究を積み重ね、学生の学習成果に相関の高い授業の要素や実践的なノウハウを抽出しています。

　本章では、あなたが大学での教授法の基礎的な知識や技能を身につけられるように、学生の学習成果を高める要素、毎回の授業のつくり方、学生を授業に参加させる方法などを紹介します。

1.1　自分の経験則や仮説

　教育学を学んだかどうかを問わず、多くの人は自分なりの教育観をもっているものです。たとえばテストを何度も子どもにさせている教室の風景を見て、しっかりと教育をしているなと感じる人もいれば、もう少しのびのびと学ばせたほうがよいのではと感じる人もいるでしょう。教育は誰もが自分の

考えを語れるテーマの1つです。それは自分自身に学習者としての長い経験があるからです。

どのようなときに自分がよりよく学ぶか、あるいは人がよりよく学ぶのかについて、あなたはどのような経験則や仮説をもっているでしょうか。「どのようなとき」については、次のような例が挙げられるでしょう。

> ・学習が楽しいとき
> ・主体的に学習するとき
> ・学習活動がマンネリでないとき
> ・グループで学ぶとき
> ・合格するまで何度もテストを受け続ける必要があるとき
> ・適切なコメントがすぐに返ってくるとき

残念ながら、多くの人は自分が教壇に立って教えるときに、自分の経験則や仮説を忘れがちになります。「何を学ばせるか」という学習内容で頭がいっぱいで、「どのように学ばせるか」という教授法には注意が十分に払われないためです。料理に例えれば、素材にばかり注目して、調理法まで頭が回らないという状態です。そうならないためにも、自分がもっている素朴な経験則や仮説を見つめ直し、自分の教育活動に反映できているのかどうかを確認する必要があるでしょう。

このような素朴な経験則や仮説は、教育に対するあなた自身の考え方、つまり教育観の基礎になる大切なものです。近年では、個々の教員の教育業績記録であるティーチング・ポートフォリオを導入し、その中で自身の教育観を明示することを求める大学もあります[1]。とはいえ、初めから自分の経験のみに頼っていては、ひとりよがりの教育になりかねません。あなたの教育観をより豊かにしていくためには、先輩教員の実践から学んだり、教育学の知見から学んだりすることも重要になります。

1.2 学習成果に影響を与える要素

授業は1人ひとりの教員の個性や教育観にそって行われるべき活動ですが、

教育学の知見や蓄積された実践手法はとくに教育経験の少ない人にとって役に立つものになるでしょう。「どのようなときに学生はよりよく学ぶのか」についてもさまざまな研究がなされてきました。ここでは、学生の学習成果に影響を与える要素を明らかにした研究の成果を紹介します。

教育学者のフェルドマンは、学生の学習成果に影響を与える要素を、30以上にわたる実証研究で得られた相関係数の平均値の大きさから明らかにしました。28項目中の上位14項目を示したものが表3.1です。右側の数値は相関係数を表し、その数値が高いほど学習成果に影響を及ぼす可能性が高いと読み取ることができます。

この研究成果から読み取れることはいくつかあります。たとえば、「教員の準備と授業の設計」が最も学習効果に影響を与えるものであるということです。また、「説明の明確さと理解しやすさ」も同程度に学習効果に影響を及ぼすことがわかります。一方で、「教員の熱意」はそれほど学習効果に影響を与えるわけではありません。しかし、「教員の熱意」に関する結果は、

表3.1　学習成果に影響を与える要素

授業の要素	相関係数
教員の準備と授業の設計	.57
説明の明確さと理解しやすさ	.56
授業目標にそった授業	.49
期待される学習成果の明確さ	.46
教員による知的な刺激	.38
高い学習水準への動機づけ	.38
質問の促進と他の意見への寛大さ	.36
教員の会いやすさと親切さ	.36
教員の話し方	.35
授業目標と履修要件の明確さ	.35
内容に関する教員の知識	.34
クラスの水準や進捗への理解	.30
教員の熱意	.27
評価における教員の公正さ	.26

出所：Feldman, K. (1997) "Identifying Exemplary Teachers and Teaching: Evidence from Student Ratings" in Perry, P. and Smart, J. (eds.), *Effective Teaching in Higher Education: Research and Practice*, Agathon Press, pp. 368-395 より筆者訳。

授業で学生が感じる限りでの教員の熱意であり、実際に教員が注いでいる熱意とは異なるものだという点には注意した方がよいでしょう。

2章で扱った授業設計の重要性は、この研究成果からも確認できます。しっかりと授業を設計しておけば、「教員の準備と授業の設計」、「授業目標にそった授業」、「期待される学習成果の明確さ」、「授業目標と履修要件の明確さ」などの授業の各要素も充実して、結果として学生の学習成果の向上につながることが期待できるのです。

2. 授業づくりの基本の型

2.1 授業の基本構成

授業のつくり方には、基本的な型があります。それは、全体を導入、展開、まとめの３つのパートに分けて構成することです。この枠組みは、小学校から高校までの教員が授業の準備として作成する学習指導案においても使われています。日本の大学では、１回90分の授業が多いようです。その場合は、たとえば全体を15分、60分、15分に配分し、それぞれのパートの構成を練るのです。３つの場面に区切ることにより、それぞれのパートにおいて何が重要なのかが明確になります[2]。

2.2 導入のパート

導入のパートでは、あなたと学生が安心して授業に取り組めるようにすることが重要です。以下の５点を導入のパートに取り入れてみましょう。

(1) 快適な雰囲気で始める

教室に入って最初にすることは、快適な雰囲気をつくりだすことです。あいさつや雑談などで緊張をほぐします。また、学生に聞きながら教室の温度の調整やマイクの確認なども行います。そして、準備が整ったうえで授業の開始を伝えます。

（2）興味や関心を喚起する

　学生を引きつけ、おもしろい話が聞けそうだという期待をもたせることが重要です。授業内容に関連する刺激的な質問を用意する、最近のニュースを紹介する、疑問を抱かせるようなデータを提示する、何だろうと思わせる写真を紹介する、簡単なクイズを実施するなどの工夫があります。

（3）学習目標を知らせる

　どこに向かって授業が進んでいるのかがわからない授業ほど、学生にとってつらいものはありません。その日の授業を通して学生がどのような知識や技能を獲得することを期待されているのかを伝えます。

（4）学生の準備状況を確認する

　その日の授業の内容を理解するために必要な知識や技能を学生がもっているかを確認します。前回の授業の内容が関連する場合には、授業の復習から始めることも有効です。また、学生がどのような内容に関心をもっているのかについても確認します。

（5）アウトラインを紹介する

　授業がどのような内容から構成されているのか、それぞれの内容がどのような目的をもち、どのように相互に関連しているのかを先に示します。黒板にその日の授業で扱う内容を書いて全体像を示すといった方法も有効です。

2.3　展開のパート

　展開のパートは、授業の本体部分となる最も長いパートです。そのため、学生の学習に対する集中力を持続させる工夫が必要です。展開のパートを構想する際には以下の5点について考えましょう。

（1）内容を精選する

　授業が失敗におわる要因の1つは、たくさんの内容を詰め込みすぎることです。できるだけ多くのことを学ばせたいと思っても、1回の授業で学生が消化できる情報量は限られています。その日のテーマにおいて何が重要なのか、そして何を学生に伝えたいのかを頭のなかで整理しましょう。板書の内容を考えながら整理する方法も有効です。

（2）内容を順序よく配列する

　展開のパートでは、学習内容をまとまりをもったいくつかの部分に分け、それぞれを順序よくつなぎ合わせていく作業が必要となります。単純なことから複雑なこと、古いことから新しいこと、既知のものから未知のもの、身近なものから身近でないものなど、学生が理解しやすい配列を考えます。

（3）ハイライトを演出する

　最も印象に残したい内容を教える場面では演出が必要です。あなたの授業のハイライトだということを学生に伝えることが重要です。顔の表現や動作を大きくしたり、板書に色をつけたり、内容を繰り返したりします。「これが今日の授業で一番大事なところです」と直接伝えるのもよいでしょう。

（4）学習方法を工夫する

　教員が口頭で話し続けるだけでは、学習活動がマンネリになってしまい、学生の集中力が続きません。図で示す、質問の時間をとる、写真や映像を見せる、ディスカッションを行う、グループワークをさせるなどのさまざまな学習方法を取り入れてみましょう。

（5）学習の進み具合を確認する

　学生が授業の進行についてきているかどうかは、教員が常に留意すべきことです。授業のなかで、学生にとって理解しづらいと思われる内容にさしかかったら、何人かの学生を指名して質問に答えさせたり、練習問題を解かせたりしましょう。

2.4　まとめのパート

　時計をちらりと見て、「そろそろ時間がなくなってきたので終わりましょう」と話の途中で慌てて授業を終わらせては、教員が授業をきちんと準備できていないと思われてしまいます。まとめのパートをしっかりとつくることが重要です。以下の4点をまとめのパートに含めることを考えてみましょう。

（1）内容の定着を図る

　授業の内容を振り返って、何が重要なポイントであったかをもう一度学生に確認させます。いくつか重要な概念を導入したときには、それらの相互関

係をまとめて、学生の頭のなかを整理させましょう。

（2）学習の成果を確認する

　簡単なクイズや質問の時間をとることで、学生の学習の成果を確認します。その日の授業で新しく学んだことをまとめさせてもよいでしょう。小テストやコメントペーパーを用いて、出席の状況とともに学習成果を確認する方法も一般的です。

（3）達成感を与える

　1つの学習内容が終わったという印象を与えることが重要です。そのためには、最初に提示した学習目標がどのように達成されたのかを説明しましょう。また学生の学習成果が十分に確認されたら、学生の努力をねぎらいましょう。

（4）その後の学習につなげる

　次回の授業時間までの学習の手引きを与えます。学んだことの復習、次回の授業のための予習をどのように進めたらよいのかを知らせます。宿題を課す場合にはその内容を確認します。また意欲の高い学生には、発展的な学習が進められるように参考文献などを紹介します。

3. 学生を授業に巻き込む

　授業づくりの基本の型を身につけた後に考えるべき点は、いかにして学生を授業に巻き込むかです。学生を単に出席させるのではなく、どのように授業における学習活動に能動的に参加させるかということです。たとえ教員が質の高い内容を伝えようとしていても、学生が能動的に学習しなければ学習成果は高まりません。近年では協調学習や課題解決型学習など、学生を能動的に学ばせる手法が注目されています。アクティブラーニングや学生参加型授業などの名称で呼ばれることもあります。

　ここでは、特定の手法ではなく、学生を授業に巻き込むための指針に着目します。名古屋大学では、学生を授業に巻き込むための実践例を多数収集し、それらを指針別に整理しています[3]。その成果をもとに、学生を授業に巻き込むための7つの指針と具体的な方法例を紹介します。

3.1　学生と接する機会を増やす

　集団のなかの1人としてみなされるときよりも、1人の独立した個人としてみなされるときの方が、学生は授業に対する帰属意識や責任感をもつものです。授業への参加度を高めるためにも、学生と接する機会を増やしてみましょう。学生にとって自ら積極的に教員に接することは勇気がいる行為なので、教員からきっかけをつくることも大切です。

　受講生に出会ったら声をかけたり、名前を覚えて呼んだりするだけで学生の意識は変わるものです。また、授業終了後すぐに退出せずにしばらく教室に残り、学生が質問しやすい雰囲気にするなど工夫してみましょう。

3.2　学生間で協力して学習させる

　クラスメイトが仲間になれば、学生は授業に積極的に参加しやすくなります。また、それぞれの学習方法や考え方の違いを認め互いに補い合うことで、授業内容をより深く理解することが期待できます。協力的な関係をもった学習活動は自然にはなかなか起こりにくいので、協力して学びやすい雰囲気や仕組みづくりを教員が用意することも大切です。

　協力して学習しやすいようにするためには、初回の授業などで早いうちに学生がお互いに知り合える活動を取り入れることが有効です。少人数のグループに分けてディスカッションを行ったり、授業時間外に共同で行う課題を出したりしてみましょう。

3.3　学生を主体的に学習させる

　受け身の学習では、高い学習効果を期待することはできません。また、大学教育においては、主体的に学習する姿勢を学生に身につけさせることが重要です。授業を担当するにあたっては、授業の内容を充実させるだけではなく、それらの内容をどのように主体的に学ばせるのかについても配慮してみましょう。

　教員が口頭で説明するだけではなく、読ませる、考えさせる、書かせる、議論させる時間をきちんととることが重要です。また、すべての学生に発言

や質問をする機会を用意しましょう。

3.4　学習の進み具合をふりかえらせる

　学生にとって、どこまで学習目標に近づいているのかを確認することは、その後の学習を進めるうえで重要です。同時に、教員にとっても授業の進め方をチェックするよい機会となります。学期の途中でも、大事な内容を終えた直後に小テストなどを行い、学習の進み具合をふりかえる機会を与えましょう。

　課題を与えるだけでなく、よかった点を褒め、同時に建設的なコメントを与えることも重要です。そして答案やレポートを1週間以内に返却するように心がけましょう。メールを利用するなどして、レポートへのコメントを学生に素早く返すなどの方法も考えてみましょう。

3.5　学習に要する時間を大切にする

　授業時間外の学習は重要ですが、どのように学習時間をやりくりしたらよいかにとまどう学生も少なくありません。時間を有効に活用することは、学生の学習成果の水準を左右するきわめて大切な要素です。授業への取り組み方の指導や課題を通して、学習時間を管理する方法を学生に身につけさせましょう。

　まずは、授業の予習復習や課題に取り組むために必要な学習時間量を伝えましょう。また、大きな課題の場合には、段階的な締切りをいくつか設定することも重要です。あなた自身も授業は時間通りに始め時間通りに終了することを心がけましょう。

3.6　学生に高い期待を寄せる

　学生は、教員や周りの期待に対し敏感に反応するものです。学生は期待されていないと感じたら、学ぶ意欲を衰退させ、結果として学習効果は低下するでしょう。努力すれば手に届く具体的な目標を設定したり、さまざまな場面で学生に対する期待を伝えたりすることで、学生の学ぶ意欲を刺激してみましょう。

簡単な課題だけでなく、必死に取り組まなければ達成できない課題を用意することも重要です。また大学院の授業を見学する機会を与えたり、授業内容の延長上にある最先端の研究を紹介したりすることで学習意欲を高めている教員もいます。

3.7 学生の多様性を尊重する

大学は、さまざまな学習スタイルや属性をもった学生を受け入れることで活力を生み出しています。教員は、そうした多様性を尊重するとともに、学生にも多様性の重要性を伝えていく必要があります。また、学生の多様性を授業の阻害要因とみなすのではなく、学生の視野を広げ教育効果を高める一手段としてとらえてみましょう。

予備知識が足りない学生のために補習教材を用意する、障害をもった学生のために補助器具を用意したり教授法を工夫したりして便宜をはかるなどの対応を検討しましょう。また、あなた自身も学生間の経験、興味や関心、学習スタイルの違いについて理解する努力をし、自分の言動にバイアスがないかどうかについて敏感になりましょう。

4. 教授法を洗練させるには

教授法は自分の教育観が反映されるものです。そして教育活動のなかで試行錯誤しながら洗練させていくものでしょう。しかし、大学教員は採用されるまでに教授法に関する知識や技能を体系的に身につける機会が十分にありません。そのため、他の教員のノウハウや教育学の知見を取り入れ、教授法の基礎を固める必要があるといえるでしょう。学生の学習に影響を与える要素を理解すること、導入、展開、まとめという形式で授業を構成すること、学生を授業に巻き込む方法などは、これからあなたが教授法を確立していくうえで基礎となるでしょう。

教授法を洗練させる機会は、大学教員になる前にもあります。ティーチング・アシスタント、非常勤講師、塾講師などの機会があれば、自分の教授法を向上させることも念頭に置きましょう。また、さまざまな教員の授業を教

授法という視点で観察すれば、教える技術やノウハウがいろいろとみつかるでしょう。さらに、効果的に話す、質問に的確に答える、読みやすいように板書するなどの基本的なコミュニケーション能力も、授業をするうえで重要な要素であり、練習が必要です。

いうまでもなく、教授法は頭のなかで理解すれば十分というものではなく、学生のいる教室のなかで実践できなければなりません。教壇に立つと、理解しているつもりでも実際にはできないことが多いということに気づくものです。効果的な教授法であっても、初めて実践する場合は、ぎこちなさを伴うのは当然です。自分が考えるように教えられるようになるまでには時間を要します。日常のなかで意識的に練習する機会をつくりましょう。

推薦図書

- バーバラ・デイビス（香取草之助監訳）（2002）『授業の道具箱』東海大学出版会、2800円
  全米の大学教員に向けて書かれた本格的な大学教授法の書籍の翻訳版です。授業の準備から成績評価にいたるまで、授業のさまざまな場面における方法やヒントが満載されています。全体で500ページ近くあるため、通読するというよりも、困ったときに事典のように使用することが想定されています。

- ケン・ベイン（高橋靖直訳）（2008）『ベストプロフェッサー』玉川大学出版部、3000円
  全米の優れた教員63人を対象とする調査を通して、優れた教員の特徴を明らかにしています。自然で批判的な学習環境を創造する、学問分野の視点より学生の視点から始める、学生の授業外での学習を援助する、学生を学問的に思考させる、多様な学習経験を創り出すなどの優れた教員に共通する要素が明らかにされています。

- 加藤辰雄（2007）『誰でも成功する板書のしかた・ノート指導』学陽書房、1800円
  板書の方法とノート指導に関して、現役の小学校教員がまとめた実践的な入門書です。板書の方法、タイミング、文字の大きさ、色チョークの使い方などの板書の技術が記されています。またノート指導についてもさまざまな技術がまとめられています。大学の授業の現場においても十分に有効な内容といえます。

注

1）さまざまな分野のティーチング・ポートフォリオの例が紹介されている本もあります（ピーター・セルディン（大学評価・学位授与機構監訳）（2007）『大学教育を変える教育業績記録』玉川大学出版部や土持ゲーリー法一（2007）『ティーチング・ポートフォリオ－授業改善の秘訣』東信堂）。
2）ガニェらは、「学習者の注意を喚起する」、「学習者に目標を知らせる」、「前提条件を思い出させる」、「新しい事項を提示する」、「学習の指針を与える」、「練習の機会をつくる」、「フィードバックを与える」、「学習の成果を評価する」、「保持と転移を高める」という9教授事象からなるインストラクショナルデザインのモデルを提案しています（ロバート・ガニェ、ウォルター・ウェイジャー、キャサリン・ゴラス、ジョン・ケラー（鈴木克明、岩崎信監訳）（2004）『インストラクショナルデザインの原理』北大路書房）。
3）名古屋大学で開発された『ティップス先生からの7つの提案』は、米国高等教育学会の研究グループによる『優れた授業実践のための7つの原則』を参考に、学内の優れた授業実践のノウハウを収集・整理したものです（名古屋大学高等教育研究センター（2005）『ティップス先生からの7つの提案〈教員編〉』）。名古屋大学のみならず、さまざまな大学の教員向け研修において教材として利用されています（中井俊樹、齋藤芳子（2007）「大学教育の質を総合的に向上させる研修教材の評価」『メディア教育研究』第4巻、第1号、pp. 31-40）。

（中井　俊樹）

4章 学習成果を評価する

1. 評価するとはどういうことか

　「ここは試験に出ますよ」と教員が伝えたとき、学生が一斉に教員の話す内容に注意を向けノートをとるという風景に馴染みがありませんか。また、授業のレポートの課題に取り組むなかで、自分の考え方を変えるような本に出会った経験はありませんか。学生に試験やレポートを課し、授業に対する学生の取り組みを評価するという活動は、学生の学習を強力に推進する手段になります。

　試験や課題は学習を推進するという利点があるものの、学生に精神的な不安を与えたり、場合によってはトラブルを起こしたりする原因にもなりかねません。教員の側にとっても、学生に低い評価や落第点を与えることは、学生の人格を否定しているように思えるため心理的抵抗がある人もいるようです。授業における評価は、学生と教員の双方に不安を与える可能性をもっています。

　成績評価は、専門家である教員が単位の認定を通して学生の学習成果の質を保証するものです。そのため、学生の学習成果を正しく評価することは、大学教員の社会的責務といえます。一方、学生の成績と授業の出来ばえは全く無関係であるとはいいにくい側面もあります。学生の学習成果が不十分な場合、教員の教え方に問題があるとも考えられるからです。

　このように教育活動の評価には多様な側面があります。そのため注意深く評価を進める必要があります。本章では、あなたが大学教育における評価方法の基礎的な知識や技能を身につけることができるように、評価におけるポイントと具体的な手法について紹介します。

2. 教育評価の基礎知識

　効果的な評価活動を考える前提として、いくつかの専門用語や概念を理解しておくことが必要です。大学教員の間で評価について議論される場合でも、相対評価、GPA、ポートフォリオなどさまざまな専門用語が飛び交います。ある程度の知識がないと議論についていくことができないでしょう。ここでは、教育評価に関する基礎知識をまず取り上げます。

2.1 評価の構成要素

　評価という活動は、評価主体者、評価対象、評価目的、評価基準、評価方法の5つの要素から構成されます[1]。一般的にシラバスでは、最終的な成績を判定するための評価基準と評価方法を明記することが求められています。

（1）評価主体者

　誰が評価を行うかです。教員以外にはありえないと考えるかもしれませんが、実際には大学院生のティーチング・アシスタントと共同で評価の作業を行ったり、学生自身や学生相互に評価をさせている授業もあります。ただし、最終的な成績判定には教員が責任をもたなければなりません。

（2）評価対象

　何を評価するのかです。授業終了時の学生の学習成果は重要な評価対象ですが、授業のプロセスのなかでも、学習意欲、学習習慣、学習の進捗状況などが評価対象になりえます。

（3）評価目的

　何のために評価を行うかです。授業における評価は必ずしも成績判定のみを目的としません。学生の学習の改善や教員自身の授業の改善も目的になります。

（4）評価基準

　どのような尺度で評価を行うかです。学生に与える評価結果の根拠となるものであり、設定された学習目標に対する到達の程度や、受講者集団のなか

での相対的な位置を基準にします。

（5）評価方法

評価のためのデータをどのように収集するかです。筆記テストやレポートが大学の授業において一般的に利用される方法ですが、評価目的や評価基準によっては観察や面接などが適切な場合もあります。

2.2　形成的評価と総括的評価

授業のなかでの評価の役割は、学生をある基準と方法で序列化して成績判定することのみではありません。学生が学習をさらに進めるためのフィードバックを与えることも、評価活動の重要な役割の1つです。評価目的の違いによって、形成的評価と総括的評価の2つに分けられます[2]。

形成的評価は、学習目標に応じた成果が得られているかについて把握し、それ以降の教育活動に活用するための評価です。学生がつまずきやすいところで小テストを実施するというのが代表的な例ですが、授業の途中で学生に質問したり、教室を歩きながら学生の学習態度やノートを確認したりするといった活動も含まれます。大事なことは、評価の結果をそれ以降の授業の改善に活用することです。

総括的評価は、一定の教育活動が終了した際に実施し、学習活動を全体として把握するためのものです。最終的に成績を判定するという行為がある限り、総括的評価は大学の授業において必要です。しかし、授業期間が終了しても学生の学習は継続されると考えるならば、最後の試験であっても学生にフィードバックを与えることは有効です。たとえば期末試験であっても、試験直後に模範解答を配付して形成的評価の要素を加えることもできます。

2.3　絶対評価と相対評価

評価基準を考える際には、絶対評価と相対評価という2つの異なる評価方法を理解しておきましょう。絶対評価は、設定された学習目標に照らして学生の到達度を評価する方法です。学習目標への到達度によって評価するため、受講生全員がAの評価に値する水準まで達成したと判断すれば、全員にAの評価を与えることもできます。一方で、合格の水準まで達成した学生がいな

いと判断すれば、誰にも合格点を与えないということになります。もちろん、このような極端な成績分布になれば、学習目標の水準の設定や教授法に問題があるとみなされるかもしれません。

相対評価は、集団のなかでの相対的な位置によって評価する方法です。たとえばAが20％、Bが50％、Cが30％程度などと成績の分布が決められた評価です。仮に優秀な学習成果を残す学生が多数存在していた場合でも、Aの評価を与えることのできる人数は限られています。大学によってはAの成績の比率のみを定めている場合もあるようです。

絶対評価と相対評価のどちらを選ぶのかという問題は、個々の学生の成績を判定するときに考慮すればよいものではありません。試験問題を作成するときにも注意が必要です。絶対評価の場合には試験の結果にばらつきがでなくても構いませんが、学生が学習目標に達したかどうかを試験の結果から判別できるように問題を作成する必要があります。一方、相対評価の場合には試験の結果に十分なばらつきができるように問題を作成することが求められます。

2.4 GPA制度

近年では成績評価の1つの方法としてGPA制度を導入する大学が増えています[3]。GPA制度は、アメリカなどの大学において広く利用されている学生の成績評価方法です。英語でGrade Point Averageといいますが、通常GPAと略されます。大学によって利用方法に差はありますが、以下のように用いられることが多いようです[4]。

（1）　学生の評価方法として、授業科目ごとの成績評価を5段階（A、B、C、D、F）で評価し、それぞれに対して4、3、2、1、0のグレードポイントを付与します。この単位当たり平均を算出した値がGPAになります。

（2）　単位修得はDでも可能ですが、卒業のためには通算のGPAが2.0以上であることが必要とされます。

（3）　3学期連続してGPAが2.0未満の学生に対しては、退学勧告がなさ

れます。ただし、これは突然勧告がなされるわけではなく、学部長等から学習指導や生活指導が行われ、それでも学力不振が続いた場合に退学勧告となります。

すべての科目でAの評価ならその学生のGPAは4.0となり、すべての科目の評価がCの評価であればGPAは2.0となります。このようにして、学生の学習状況がGPAという数値によって明らかになります。個々の学生のGPAは、奨学金や授業料免除対象者の選定基準、大学院入試の選抜基準、個別の学習指導などに利用されています。

3. 評価の基本方針

授業で評価を行うためにはどのような点に注意すべきでしょうか。大事なことは、誰もが納得できるような評価をすることです。誰もが納得できれば、結果としてトラブルも避けることができます。ただし、そのような成績評価は、成績についての学生の抗議を避けて成績を甘くつけることではありません。以下では、評価の3つの基本方針を紹介します。

3.1 評価の方針を明確にする

評価が恣意的だと感じると、学生は学習へのモチベーションを低下させてしまいます。そのため、評価の方針を明確にすることが重要です。なぜ試験をするのか、なぜレポートの課題を与えるのか、通常より厳しい成績評価を行う場合、なぜ自分はそのように厳しくするのかなど、自分の評価についての考えを学生に語っておきましょう。

成績評価の基準と方法は、授業を設計する段階で考えておかなければなりません。なぜなら、成績評価の基準は授業の学習目標を反映したものであり、授業が始まるときに学生と約束すべき事項の1つだからです。そのため、シラバスに成績評価の基準と方法を明確に示しておきましょう。その際には、「平常点、期末試験、レポートの成績を総合的に加味して評価します」というようなあいまいなものではなく、以下の点に注意して具体的な記述を心が

けましょう。

> ・成績評価にかかわるそれぞれの項目の比率を明確にする。たとえば、「小テスト30%、レポート20%、期末試験50%」というように示す。
> ・評価基準がわかるように、授業の具体的な到達目標を明確にする。また、可能であれば採点の基準も公開する。
> ・成績評価は、絶対評価で行うのか、それとも相対評価で行うのかを示す。
> ・試験を受けられない場合や、課題を締切日までに提出できなかった場合にどのように対応するのかを示す。

3.2　学生の学習活動を促す

　学生の学習を促すことが、教員にとって最も重要であることはいうまでもないでしょう。テストやレポートなどの課題も、成績を判定するためだけのものではありません。次のように学生の学習活動を促すという役割を念頭に入れておきましょう。

> ・学生自身が復習をし、授業で学んだことを整理する機会になる
> ・学生が自分の理解度を確認できる
> ・学生がさらに学ぶべき内容を確認できる

　学生の学習を促すためには、学期末に一度の試験によって評価するのではなく、授業のなかで複数回にわたって多様な評価活動を取り入れることが有効です。授業期間中の小テストやレポートなどは、その準備として学生に学習する機会を与えます。また、形成的評価としてフィードバックを与えることで、学習意欲を高めたり、さらに学習すべき点を指摘することができます。
　時間を要する大きな課題を与える場合には注意が必要です。段階的な締切りをいくつか設定し学習の進捗状況を確認すると、学生が取り組みやすくなります。その段階ごとによかった点や改善すべき点を伝えることで学習活動を促しましょう。

3.3　大学の方針と整合させる

　大学における教育活動は基本的には共同作業です。学生は卒業までの期間に1人の教員からのみ学ぶのではなく、さまざまな学問分野の教員から学びます。したがって、どのように教えるのかについて自由度がある程度認められている教員にも、守るべき方針があります。とくに成績評価においては、公平性という観点から大学や同僚の方針と合わせていくことが求められます。とくに以下の点において、自分の評価が大学や同僚の方針と整合的であるかどうかを確認しましょう。

・単位取得に必要な授業への出席回数、公欠の取り扱い、追試験や再試験の制度、試験中の不正行為者への対応、成績評価に対する異議申し立てへの対応などは、大学で定められている、もしくは慣例として決まっている場合があります。
・成績評価の分布について、Aの評価が全体の2割以下などと大学によって決められている場合があります。また、成績評価の分布が定められていなくても、他の授業の成績評価がおよそどのような分布になっているのかは知っておきましょう。
・同じ科目名の授業が複数開講されている場合、学生に不公平感を与えないためにも、成績評価の分布が教員間で極端に異ならないように注意が必要です。
・試験の答案は学生が卒業するまで保管するなど成績記録の管理が求められます。授業途中で採点した小テストの点数、課題の評価なども、いつでも提示できるような形で管理しておきましょう。

---

4. 評価の具体的方法

　評価にはさまざまな方法があります。まず評価方法の種類を紹介した後に、一般的に広く使用される筆記テストとレポートによる評価における留意点をまとめます。

4.1 適切な評価方法を選ぶ

　成績評価の方法といえば、筆記テストかレポートと考える人が多いかもしれませんが、それ以外の方法も多数あります。まずは、成績評価の方法の全体像を頭のなかに入れましょう。そして、担当する授業の目標や評価の方針に照らし合わせて、さらに受講者数などの制約条件のなかで実行可能かどうかを確認したうえで、適切な評価方法を選びましょう。

（1）筆記テストによる評価
　筆記による試験には、選択肢のなかから解答を選ばせる問題や空欄に解答を書かせる問題のような客観テスト方式と、学生が自由に答えを考えて記述する自由記述方式があります。マークシートを用意して、多人数授業におけるテストをコンピュータによって採点できる大学もあります。
（2）完成作品による評価
　課題として学生に作品をつくらせ、その完成作品を評価する方法です。論文、書評、実験記録などのレポートが完成作品の代表例ですが、ソフトウェアのプログラムや芸術作品なども含まれます。
（3）実演による評価
　頭のなかで理解していても実際にはできないということは少なくありません。技能の習得を目標とする授業の場合には、学生に実演させて評価する方法が有効です。外国語の発音、コンピュータの操作、プレゼンテーションの技能などは実演による評価が適しているといえます。
（4）観察を通しての評価
　評価の時間を特別に設定しなくても、教員は学生の学習状況を評価することができます。受講態度、グループワークにおける貢献度、ノートの取り方など、日々の授業のなかで評価することができます。
（5）対話を通しての評価
　口頭試問といえば、大学では入学試験や学位授与の際に用いられる評価方法と思われるかもしれません。しかし、面接して学生と対話する時間が確保できるのであれば、授業内容に対する理解や考え方を確認することができる

という点で有効な方法です。

（6）ポートフォリオによる評価

　近年、学習のプロセスを含めた評価としてポートフォリオ評価が注目されています[5]。ポートフォリオ評価とは、学生が授業のプロセスで作成したメモ、小テスト、質問カード、ワークシートなどを蓄積して、学習の足跡の全体像を捉えようとする評価です。

4.2 筆記テストによる評価

　筆記テストは最も頻繁に利用されますが、学生に不安を与える方法でもあります。したがって、筆記テストを実施するためには、学生の不安を軽減し、学生の学習活動を促すための工夫が必要です。以下では筆記テストを評価に用いる際の工夫を紹介します。

> ・シラバスに試験の形式を記す。
> ・過去のテスト問題、あるいはテスト用の練習問題を配付する。
> ・テストの直前の授業では、復習とテストへの準備の方法について助言する。
> ・暗記に主眼がある場合を除き、メモ1枚持ち込み可にする。テストの際に、A4の用紙1枚に重要だと思う事項を書いてもってきてよいと指示する。ただし、コピーしたものは不可であることを伝える。これにより、学生は事前に教科書やノートを見直し、授業の重要ポイントは何であったのかをよく考え、それを簡潔にまとめるという作業を自主的に行うようになる。
> ・テストの直後に解答を発表あるいは配付する。
> ・テストを迅速に返却する。
> ・自由記述形式のテストの場合、事前に問題を提示しておき十分に下調べをさせる。

　テスト問題を作成するときに大事なことは、授業の目標に学生がどの程度到達しているのかを判断できるようにすることです。たとえば、授業の学習目標において学問分野特有の思考方法の習得を重視しているにもかかわらず、実際の筆記テストが細かな知識に対する記憶力のみを問うだけのものになってはいけません。授業の目標に応じた内容と形式の問題を用意する必要があります。

問題を作成したら、次のチェックリストの各項目について確認をしましょう。また、事前に同僚やティーチング・アシスタントにコメントを求めるのもよいでしょう。自分では気づかなかった問題文のあいまいさなどを指摘してもらえるかもしれません。

> テスト問題のチェックリスト
> ・事前に学生に予告したとおりの形式になっているか
> ・テストの内容が授業の目標を反映したものになっているか
> ・授業において学生が獲得した知識や技能によって解答できる問題になっているか
> ・問題の分量は適切か
> ・問題文の指示はあいまいでないか、誤解を招かないか
> ・解答欄のスペース配分は適切か
> ・問題の難易度は適切に分布しているか
> ・やさしい問題から難しい問題へと配置されているか
> ・学生が取り組みたいと感じる問題になっているか
> ・過去の試験問題と全く同じになっていないか

4.3　レポートによる評価

　レポートを課題にすることは、学習を促進するという観点から効果的な方法といえます。関連する書籍を読み、学習内容を深く理解し、論理的思考を向上させ、個々の考え方を形成するなどの機会になります。レポートの書き方の指導については、5章で詳しく取り上げますので、ここでは学生が書いたレポートをもとに成績評価を行う際の留意点を紹介します。

　レポートによる評価の場合、成績が主観的に判定されていると考える学生がいます。確かに、レポートによる評価において、客観的な評価基準を立てることは簡単ではありません。しかし、基準を明示しない評価では、学生には、自分の提出したレポートがたとえばCという評価を得たときに、不十分な点がどこにあるのかが伝わりません。また、基準を明示しなかったために、明らかに出来の悪いレポートでも教員が低い評価を与えることができなくなりかねません。そのため、レポートの評価基準を事前に学生に明示しておくことが大切です。この基準は、学生にとってはどのようなレポートを書けば

よいのかを示すガイドラインにもなります。

> **論文形式のレポートの成績評価基準の例**
> ・焦点：選択した問題が、論文の長さの中で適切に扱えるほどに充分に焦点が絞られているか
> ・構成：論文の構成がはっきりしており、理解しやすいか
> ・展開：論文のなかで、適切にテーマを紹介し、書き手の立場を裏づけるための確固たる証拠を示し、見出したことを要約して、筋の通った結論を提示しているか
> ・文の構造：文章は、形が整っており、長さや文体に適切に変化を持たせて、さまざまな効果を上げるように使用されているか
> ・技術：論文全体として、綴り、印刷や文法の誤りがないか

出所：バーバラ・デイビス（香取草之助監訳）(2002)『授業の道具箱』東海大学出版会、pp. 270-271。

　自分で適切な評価基準を作成し学生に伝えることが理想ですが、それ以外の方法もあります。授業の参考書としてレポートの書き方に関する書籍を指定し、その本のなかに示されているレポートの型にそって書くことを奨励する方法はその1つです。また、過去のレポートを匿名で取り上げ、そのレポートがどのような点で優れていて、どの点に課題があるのかを示してもよいでしょう。

　成績を判定する作業では、採点基準を一定に保つことが重要です。同じような内容のレポートを続けて読んでいると、採点作業の初めから終わりまで同じ基準で採点することは難しいものです。そのため、すべてのレポートに簡単に目を通して全体のばらつき具合を確認した後に採点したり、目安になるレポートを定めて採点するなどの工夫が必要です。

5. 評価する立場になるとは

　学習成果の評価は、学生の学習を推進するという利点があるものの、効果的に活用しないと、学生に不安を与えたり、トラブルの原因になったりしか

ねません。そのため、評価に関する基礎的な知識と技能を身につけておきたいものです。

　これまで述べてきたように、適切な評価を行うためには、評価の構成要素である評価主体者、評価対象、評価目的、評価基準、評価方法という5つの観点から確認することが重要です。評価の方針を明確に学生に伝える必要があります。教える側が経験的にもっている評価基準も、学生に理解できる形で示しましょう。また、学生の学習活動を促すことや大学の方針と整合性を保つことも念頭に置きましょう。

　大学教員になると、教育活動において基本的に評価される立場から評価する立場に変わります。理解しておかなければならないことの1つに、評価をする者と評価される者との間の非対称な関係があります。近年、多くの大学において学生による授業評価が実施され、その関係は変わりつつありますが、教員が学生の成績を判定し単位を認定するという事実は大きな意味をもっています。単位認定という行為が教員によって行われているために、学生は毎週教室に来て、教員が指示した課題に取り組み、試験の準備をするという側面があることも否定できません。

　教員と学生の非対称な関係は、学生の学習を推進する力をもつ一方で、相互の間に溝をつくる可能性を同時にもっています。自分を評価する教員に対して、学生自らの悩みや弱い部分を正直に伝えることには抵抗があるものです。また、学生は教員の考え方に反論することにも消極的になるかもしれません。授業のなかで成績評価を過度に強調すると、教員と学生の間の溝を広げ、授業の運営に影響を与えかねません。成績評価という行為がもたらす教員と学生の関係性に配慮しながら、教員は教育活動を進める必要があります。

推薦図書

●田中耕治編（2005）『よくわかる教育評価』ミネルヴァ書房、2500円
　　教育評価に関する基本的な内容をテーマ別に簡潔にまとめた入門書です。大学教育を直接に対象とした本ではありませんが、教育評価の概念やその変遷が理解できます。評価のさまざまな方法が紹介されているため、大学での評価のあり方

や方法を考えるうえで示唆が得られます。
● 高浦勝義（2000）『ポートフォリオ評価法入門』明治図書出版、1500円
　ポートフォリオ評価の特徴と具体的な方法がまとめられています。標準化されたテストによる評価に代わって、なぜポートフォリオ評価が着目されるようになったのかが理解できます。また、ポートフォリオ評価を進める際のポイントが解説されています。
● 山地弘起編（2007）『授業評価活用ハンドブック』玉川大学出版部、3400円
　学生による授業評価についてまとめられています。近年、多くの大学で導入されている学生による授業評価を、その歴史や機能から解説するとともに、アンケートの作成方法、結果の分析方法、評価を授業に活用する方法などを具体的に紹介しています。

注

1）撫尾は、評価主体者、評価対象、評価目的、データ収集法、データ、評価基準の6つの要素に分類していますが、本書ではデータ収集法とデータを評価方法という要素に含めて全体として5つの要素に分類しています（撫尾知信（1990）「教育評価」細谷俊夫、河野重男、奥田真丈、今野喜清編『新教育学大事典』第2巻、第一法規出版、pp. 352-356）。
2）形成的評価と総括的評価の他に、授業開始時に学習の前提となる学力などを把握する診断的評価を加えて3つに分類する場合もあります（田中耕治編（2005）『よくわかる教育評価』ミネルヴァ書房、pp. 8-9）。
3）文部科学省の統計によると、GPA制度を導入している大学は、2004年に214大学、2005年に248大学、2006年に294大学と増加しています（文部科学省（2008）『大学における教育内容・方法の改善等について』）。
4）このGPA制度の定義は、中央教育審議会（2008）『学士課程教育の構築に向けて』の「用語解説」の定義にそって書かれています。
5）学習ポートフォリオは、「学生が、学習過程ならびに各種の学習成果（例えば、学習目標・学習計画表とチェックシート、課題達成のために収集した資料や遂行状況、レポート、成績単位取得表など）を長期にわたって収集したもの。それらを必要に応じて系統的に選択し、学習過程を含めて到達度を評価し、次に取り組むべき課題をみつけてステップアップを図っていくことを目的とする。従来の到達度評価では測定できない個人能力の質的評価を行うことが意図されているとともに、教員や大学が、組織としての教育の成果を評価する場合にも利用される」と定義されています（中央教育審議会（2008）『学士課程教育の構築に向けて』）。

（中井　俊樹）

5章 学生に書く力をつけさせる

1. 学生はなぜ書くことに苦労するのか

　本章では、知識社会で活動していくのに必要な「書く力」を、学生にどのように身につけさせるかについて検討します。一概に「書く力」といっても、授業の感想から卒業論文ひいては修士論文や博士論文に至るまで、求められる水準はさまざまです。そこで本章では、新任教員が「学生にまとまった文章を書かせる」という点で、最初の場面になると考えられる授業レポート課題について取り上げます。

1.1　レポート作成に関する学生の苦情

　そもそも、なぜ学生はレポートや論文を書くのに苦労するのでしょうか。筆者らが名古屋大学内で「レポート書き方講座」というセミナーを開催したところ、学生からは次のような意見や苦情が寄せられました。学生が暗中模索でレポートに挑戦している様子がみてとれます。

- 大学受験の小論文と大学の期末レポートの書き方の違いがよくわからず、誰も教えてくれない
- どのようにレポートを書いたらよいのか、教員は何も説明をしてくれない
- 「○○について論じよ」ということの意味がわからない
- よいレポートとはどういうものかについての説明がない
- 出されたレポート課題と授業で学んだ内容との関係がよくわからない
- 提出したレポートが返却されないので、どこが評価され、どこが悪かったのかを知ることができない

ここから考えられることは、多くの学生は大学で求められるレポートがどういうものかを理解しておらず、教員からも十分な説明が行われていないのではないかということです。

1.2　教員からみたレポートの問題点

教員の側からみれば、意味不明のレポート、出来の悪いレポートを大量に読んで採点することほど辛いものはありません。反面、すばらしい出来のレポートを読むと、教員としての満足感が得られるものです。教員が学生のレポートについて不満を感じるのは、だいたい次のような場合ではないでしょうか。これらは、内容に関する問題と様式に関する問題に二分できるようです。

> ・内容が不正確である
> ・論理が矛盾している、論理が不明である
> ・誤字脱字が多い
> ・単なる感想文、感情論になっている
> ・締切りを守らない
> ・指定したページ数、様式などを守らない
> ・参考文献や引用が示されていない、正確でない

このように、レポートを書くことに関して、教員と学生の間に共通認識が足りないことはとても不幸なことです。もしかすると、学生がレポートを書けない理由の一端は教員の側にもあるかもしれません。どのような書き方が望ましいのかについての説明が必ずしも十分とはいえないからです。大学教員自身も、学生時代に見よう見まねでレポートを書いていたので、それが習い性になっている面もあるでしょう。大学教授法を改善する際の本質は、「自分がかつて教わった方法で教える」という「慣性の法則」をいかに打ち破るかという点にあります。レポート課題の出発点は、大学で求められるレポートとはどのようなものか、どのようにしたらレポートを書くことができるかについて、教員が学生に基本を伝えることから始まるといえるでしょう。

2. 学生にレポートを書くための準備をさせる

そもそも、なぜ大学教員はレポート課題を学生に出すのでしょうか。そこにはどのような意図が込められているのでしょうか。学生にとってレポートに取り組むことは、授業で獲得した知識を自分なりに解釈して再構成し、授業外の社会、自然事象との接点について考えるきっかけになります。単なる知識の定着度を測定するだけなら、短答式や選択式、穴埋め式の試験問題を作成する方が採点は容易です。わざわざレポート作成を課す以上は、そこに何らかの教育、学習上の意図が込められているはずです。それが何であるかを学生に伝えましょう。

2.1 書く力を身につけることの重要性を伝える

学生の側にとっても、「調べて、書く」ことは大学時代に身につける能力のなかで最も重要なものであるといえます。なぜ「調べて、書く」ことが重要なのかについて、ジャーナリストの立花隆は次のように述べています。

> 「(前略) 調べることと書くことは、もっぱら私のようなジャーナリストにだけ必要とされる能力ではなく、現代社会においては、ほとんどあらゆる知的職業において、一生の間必要とされる能力である。ジャーナリストであろうと、官僚であろうと、ビジネスマンであろうと、研究職、法律職、教育職などの知的労働者であろうと、大学を出てからつくたいていの職業生活のかなりの部分が、調べることと書くことに費やされるはずである。近代社会は、あらゆる側面において、基本的に文書化されることで組織されているからである。
> 　人を動かし、組織を動かし、社会を動かそうと思うなら、いい文章が書けなければならない。いい文章とは、名文ということではない。うまい文章でなくてもよいが、達意の文章でなければならない。文章を書くということは、何かを伝えたいということである。自分が伝えたいことが、その文章を読む人に伝わらなければ何もならない。」

出所:立花隆、東京大学教養学部立花ゼミ (2008)『二十歳のころ』ランダムハウス講談社、p.15。

上記の趣旨は、たとえば医師、建築家、政治家などといった他の職業にもあてはまるのではないでしょうか。大学院に進学して研究職をめざさなくても、大学時代の4年間に基本的な「書く力」を身につけることは知的職業に就くうえでとても重要です。授業のレポート課題は、学生が「書く力」を身につけるうえでよい機会になります。

　同時に、書くという行為は自分自身の考えを振り返るきっかけにもなり、純粋に知的好奇心を刺激する活動でもあります。より分析的にいえば、「書くプロセスは自分を相対化（対象化）して、自分が何を書こうとしているのかをモニタリングし、その表現意図と表現のズレをコントロールするメタ認知活動」[1]でもあります。まとまった分量の文章を書いたことのない大多数の学生にとって、レポートを書くという行為は、何を伝えたいかを自問自答し、自分のイメージと活字にした内容とのギャップを埋めようと試行錯誤するプロセスだといえるでしょう。学生のなかには「書くこと」自体に苦手意識をもっている人も少なくありません。あなた自身の経験を交えながら、「自分の考えを文字で表現することがいかに重要か」を学生に語ってみてはどうでしょうか。

　ただし、まとまった分量の文章を書くことに慣れていない段階でレポート課題を出されると、学生はその課題内容よりも、書くという行為自体に戸惑うかもしれません。レポート課題を出す前に、ふだんから学生に書く習慣をつけさせる工夫をしてみましょう。たとえば、授業の要旨を毎回書かせる、クイズ形式で小さな質問に答えさせる、課題図書についてのコメントを書かせるなどの方法があります。これらの1つひとつは小さな課題ですが、書くという行為自体に慣れさせる効果を期待できます。

2.2　情報、視点、論点などを授業中に示す

　レポート課題を出す際は、手本となるレポートや論文を示したり、論文の書き方についてのガイドブックや副読本を学生に紹介したり、どこまで達成できれば合格点かという評価基準を示したりすると効果的です。こうした手段を通して、学生はよいレポートとはどのようなものなのかについて理解を

深めることができます。

　また、「○○について述べよ」といきなりレポート提出を求めるのではなく、課題を具体化するための視点を授業で示すのも効果的です。たとえば、①レポート課題に詳しい有識者をゲストスピーカーとして授業に招く、②対立する見解が生じている話題を挙げてどちらに賛同するかを考えさせる、③レポート課題について、あらかじめ授業中にディベートを行う、などの方法が考えられます。

2.3　まずはたくさん読ませる

　予備知識や人生経験の少ない大学生が特定のテーマについてまとまった文章を書くためには、一定の読書量が必要です。しかし、どの文献から読めばいいのか見当がつかないという学生も少なくないことでしょう。そこで、レポート課題に関する基本文献をあらかじめいくつか紹介し、それらを読むことを前提としたうえで、さらに発展的な文献を自分で探すように指示してはどうでしょうか。この際に大学教員が陥りやすい失敗は、「このくらいの基本文献は知っていて当然だ」と思い込んでしまうことです。学生にどのくらいの予備知識があるのかを事前に確認したうえで、基本文献を紹介するとよいでしょう。

2.4　レポート作成上のルールやマナーを伝える

　レポートを書く際に、学生はいくつかの基本的なルールを知っておく必要があります。アカデミックな文章では、先人の研究業績に対して敬意を払うこと、そして文章が明晰であることなどが求められます。具体的には、引用した内容の出典を明らかにすること、正確に引用すること、調査対象者のプライバシーを守ることなどが挙げられます。

　多くの大学教員は、レポート課題のテーマや配点についてシラバスに明記しています。さらに踏み込んで、当該レポート課題を出すことの意義や目的、採点基準や合格水準、様式やルール（分量、締切りなど）、レポートの書き方に関するサポート情報（参考文献、セミナー案内など）、学生に対するフィードバックの方法、学生からの異議申し立ての方法などについても

受講生に説明することをお勧めします。こうした情報を開示することによって、学生はレポート課題とはどういうものかを理解し、それが彼らの不安を軽減することにつながるでしょう。

2.5　大学で必要とされる文章表現とは

レポート課題は、学生が文章表現力を磨くよいチャンスです。学生に自分の文章の癖を意識させ、相手に伝わる文章を書くことを心がけさせましょう。アカデミックな世界におけるよい文章とは、簡潔で読みやすく、書き手の意図が誤解なく伝わる文章のことです。具体的には次のような点に留意すべきことをあらかじめ学生に伝えましょう。

- ・一文を短くする
- ・読点（、）をできるだけ少なくする
- ・主語や述語の対応関係を明確にする
- ・あいまいな言葉（指示語、代名詞など）を少なくする
- ・話し言葉を使わない
- ・一部の人しか理解できない特殊用語を少なくする

また、アカデミックな文章では事実と意見を峻別することが求められます。学生はこうしたルールをよく知らないために、あるいは書きわける方法に習熟していないために、事実なのか学生自身の意見なのかを読み手が判別しづらい文章を書きがちです[2]。たとえば、次のようなものです。

> 【例】この違いは銀微粒子と油分子の間に働く吸着力の大きさが油の種類により異なり、物質Aでは吸着力がより強いためであると思われる。

この文だと、物質Aの吸着力がより強いことが事実なのか、筆者の意見や仮定なのか、どちらともとれる表現になっています。次のように書き直すべきでしょう（下線筆者）。

（事実の場合）

この違いは、銀の微粒子に対して物質Aは他の油よりも強く吸着する<u>という事実に起因するものと考える。</u>

（筆者の意見の場合）

この違いは、銀の微粒子に対して物質Aは他の油よりも強く吸着する<u>と考えれば説明できる。</u>

このように、レポートにおける文章表現の基本マナーについて、あらかじめ学生に示しておくことをお勧めします。あるいは、レポートの書き方について、あなたが基準としているガイドブックを紹介するという方法もあるでしょう。最近では、学生が学術的な文章を書くこと（アカデミック・ライティング）を支援する専門的な組織が増えつつあります[3]。学生にこうした組織を活用するように伝えるのもよいでしょう。

3. 書くための突破口を学生にみつけさせる

書くという行為が知的職業に就くうえでいかに重要で、大学で求められるレポートがどのような要素で構成されているかを学生に伝え、さらに関連する情報や論点を授業中に提供したとしても、レポートを書けない学生はまだまだ多くいることでしょう。学生にとっての難関は、自分が主張したいことを文章で表現するということです。頭ではわかっていても、第一歩をなかなか踏み出せないのです。突破口をみつけるために、授業で次のような工夫を行ってみてはどうでしょうか。ここでは2つの方法を紹介します。

3.1 小さな「問い」に分解させる

第一は、学生の問題意識をいくつかの「問い」の形に分解させるという方法です。自分が関心のあるテーマについて、「なぜ？」「どうやって？」という問いを次々に連想させて書き出させてみましょう。大きなテーマを小さな問題意識に分解すると、具体的な論点がいろいろみえてきます。たとえば、次のような視点が考えられます。

> - なぜ、そうなるのか？
> - どのように？
> - 本当にそうか？
> - どういう意味か？
> - いつからそうなったのか？
> - あらゆる場面で、必ずそういえるか？
> - どう対応すべきか？
> - 何がよくないのか？
> - 誰がそう主張しているのか？

　たとえば「日本の少子化について論じよ」という課題であれば、次のように問いを展開することができるでしょう。

- 少子化とは何か？
- なぜ少子化が起きるのか？
- 少子化によってどのような問題が起こるのか？
- 本当に少子化は起きているのか？
- 少子化はいつから始まったのか？
- 少子化は諸外国でも起きているか？
- 少子化は本当によくないのか？
- 少子化を食い止めるにはどうしたらよいか？
- 少子化対策にはどのくらいのコストがかかるのか？
- 少子化に関する世論はどうなっているか？

　次に、このように展開したそれぞれの問いについて、学生なりの見解を書き出させるのです。たとえば次のように展開することができるでしょう。

- なぜ少子化が起きるのか？
  →若者が結婚しなくなったから→なぜ結婚しないのか→雇用の不安定化
  →教育費が増大しているから→多くの子どもに教育投資する余裕がなくなった

・少子化は諸外国でも起きているか？
　→少子化が顕著な国に共通する特徴は何か？
　→先進国の中で、少子化を克服できた国があるのか？

・少子化は本当によくないのか？
　→限られた資源を少ない人口で分け合う方が合理的ではないか
　→子どもを持たない方が個人レベルでは経済的余裕が大きくなるのではないか

・少子化を防ぐにはどうしたらよいか？
　→子育て家庭に対する経済支援を手厚くするべきだ
　→経済支援よりも、待機児童解消のような社会環境の改善を図るべきだ

こうして書き出した自分なりの意見は、「たぶんこうじゃないかな」というレベルの推測的見解であり、いわゆる仮説の卵に相当します。これが本当に正しいといえるかどうかを特定の方法（実験、文献調査、アンケート調査、参与観察、インタビュー調査など）で学生に調べさせるわけです。そうするなかで、「男女がともに働きながら子育てできるような仕組みを整備すべきである」、「サラリーマンの夫に専業主婦の妻という標準家庭モデルを、実態に即して改正すべきだ」「結婚しないことに原因があるのだから、政府は適齢期の男女が交流する場をもっと設けるべきだ」など、具体的な道筋がみえてくるでしょう。

3.2　主張から逆算して根拠を探させる

反対に、学生がはじめから明確な仮説をもっている場合もあります。強固な信念と持論に基づく意見もあるでしょう。このような場合、相手を説得するための手順が必要になります。その際に有効な方法の1つとして、「トゥールミン・モデル」という枠組みを紹介しましょう。トゥールミンは、論証のための要素として、「主張」とそれを裏づける「データ」、そしてデータから主張を導き出すための「理由づけ」と「裏づけ」を設定しています。たとえ

ば、裁判員制度の問題をこのモデルに当てはめてみましょう。

　仮に、ある学生が「裁判員制度によって犯罪に対する厳罰主義が過度に高まることが予想されるので、裁判員制度は導入すべきではない」という持論をもっているとします。この持論で他者を説得するためには何らかのデータ・証拠が必要になります。まずは、「裁判員が感情的になってしまい極刑を求めるケースが、諸外国では数多く存在する」という具体的なデータを集めたとしましょう。

　しかし、データだけでは自分の主張を正当化するために都合のよい事例を集めたのだと信用されないこともあります。そこで、このデータがいかに有効であるかを証明するような一般的な言説が必要になります。これが「理由づけ」です。たとえば、「マスメディアは複雑な事実を単純化して勧善懲悪の観点から結論づける傾向があり、一般市民である裁判員はそうした報道の影響を受けやすい」という理由づけをすることができるでしょう。

　このとき、理由づけを補強するために、科学的根拠、実例、専門家の意見などの「裏づけ」が必要になります。たとえば、マスメディアの報道が中立性を欠いていることを明らかにした専門的文献を引用することができます。ここまでの説明をまとめると次のようになります。

＜「トゥールミン・モデル」による逆算型の論証例＞

主張（claim）：「何を伝えたいのか」
例：裁判員制度によって犯罪に対する厳罰主義が過度に高まることが予想されるので、裁判員制度は導入すべきではない。

データ（data）：「どのような事実が存在するのか」
例：裁判員が感情的になってしまい極刑を求めるケースが、諸外国では数多く存在する。

理由づけ（warrant）：「社会にはどのような一般言説が存在しているか」
例：マスメディアは複雑な事実を単純化して勧善懲悪の観点から結論づける傾向があり、一般市民である裁判員はそうした報道の影響を受けやすい。

> 裏づけ（backing）：「理由づけを補強するための科学的根拠」
> 例：マスメディアの報道が中立性を欠いていることを示すジャーナリズムの専門家の意見を挙げる。中立性に欠いた報道の事例を挙げる。偏向したマスメディアの報道に市民が大きな影響を受けた過去の事例を示す。

このように、レポートを書く際の突破口としては、小さな問いに分解して仮説を立ててみる、自分の主張を論証するための根拠（データ、理由づけ、裏づけなど）を探す、などの方法があります。こうした方法をあらかじめ授業中に学生に示し、実際に演習させてみてはいかがでしょう。そのうえでレポートを課せば、論証の精度の向上が期待できるのではないでしょうか。

4. 採点結果をフィードバックする

最後に、レポート課題のフィードバックをどのように行ったらよいかについて説明します。ここでは、受講生に対するフィードバックと教員自身に対するフィードバックについて触れます。

4.1 フィードバックはできるだけ早い方がよい

学生が提出したレポート課題に対してはすみやかにフィードバックを行うことが重要です。提出してからの日数が浅い方が、学生の関心も高いからです。レポートにコメントを加えて学生に返却するという方法は、学生の学習意欲やレポートに対する意識を高めるうえで効果的です。その際は、レポートを否定するのではなく、コメントによって改善すべき点を明示したり学生を励ましたりすることが望ましいでしょう。ただし、受講生が多い場合、この方法では教員の負担もかなり大きくなります。そこで、次のような方法を用いることで、教員の負担を抑えながら学習効果を高めることができます。

> ・模範解答をあらかじめ用意して、課題の提出後に学生に示す
> ・次回の授業で、学生の提出したレポートのなかから、優れている事例や間違いを起こしやすい事例を挙げる
> ・優れたレポートを匿名にして授業のウェブページに掲載する（事前に学生に断っておく必要があります）

フィードバックは学生にとっても有効です。返却した課題を学生間で回覧させ、相互に改善方法をコメントさせる方法も効果的です。この場合、学生は互いを意識して、よい意味で緊張感が高まるかもしれません。

4.2　採点結果を授業改善に活用する

　レポートの採点結果は教員自身の授業改善にも役立てることができます。レポート課題の出来が予想以上に悪かった場合、あるいは多くの学生のレポートに共通した間違いがみられるような場合は、その内容に関する授業中の説明が不適切だったかもしれません。あるいは説明の時間配分が不十分だったかもしれません。こうした場合は、該当部分をあらためて説明し、レポート採点後のフィードバックを丁寧に行うなどの改善を図ることができます。

5. 学生に書く力をつけさせるには

　大学時代に基本的な「書く力」を身につけることは、知的職業に就くうえでとても重要であることを学生に伝えましょう。多くの学生は大学で求められるレポートがどういうものかを知りません。大学で課されるレポートには一定の型があり、手順さえ踏めば誰でも書くことができることを伝え、あなたの授業にとってよいレポートとはどういうものかをシラバスや口頭で説明しましょう。

　よいレポートを書かせるためには、教員側にもそれなりの準備が必要です。レポート課題に関する基本文献をあらかじめ学生に紹介する、学生に対するフィードバックの方法、学生からの異議申し立て方法などについてシラバスに明記する、授業の要旨や文献レビューを学生に作成させるなど、ふだんから学生に書く習慣をつけさせることが大事です。

　そして実際に学生が書く段階に至っては、書き手の意図が誤解なく読み手に伝わる文章を書くこと、与えられたテーマを小さな「問い」に分解すること、自分の主張の説得力を高めるためには信頼できる根拠が必要だということ、などを学生に伝えましょう。そして、学生がレポートを提出したら、できるだけ早く採点結果を学生にフィードバックしましょう。

書く力は一朝一夕に身につくものではありません。それなりの根気と時間が必要です。「○○について自由に論じよ」と大きな課題を出しても、経験のない学生は途方に暮れてしまうでしょう。こうした一連のプロセスを通して、学生は書くことに対する苦手意識や恐怖心を取り除き、自分の意見を文章で相手に伝えることの楽しさを実感できるようになるでしょう。

推薦図書

- **木下是雄（1981）『理科系の作文技術』中央公論新社、700円**
　本書に一貫しているメッセージは、正確に情報を伝え、筋道を立てて意見を述べることの重要性です。そのためには、構成においても、文章表現においても、簡潔で読みやすい文章を書かなければならないと述べています。本書が念頭に置いている読者は主に理科系の人ですが、論理的な文章を必要とする文科系の人にもぜひ読んでほしい一冊です。

- **戸田山和久（2002）『論文の教室－レポートから卒論まで』日本放送出版協会、1120円**
　哲学者および論理学者として知られる筆者は、「問い」をさまざまに展開しながら論文のアウトライン作成に至るノウハウを具体的に説明しています。文章表現の練習問題も豊富に掲載されており、卒業論文を書かせる前の指導に適しています。他にも、実用的な付録がたくさんついています。

- **佐藤望、湯川武、横山千晶、近藤明彦（2006）『アカデミック・スキルズ－大学生のための知的技法入門』慶應義塾大学出版会、1000円**
　慶應義塾大学の実験授業「アカデミック・スキルズ」をもとに制作されたガイドブックです。本章では紙幅の都合から割愛してしまった、情報の調べ方、集めた文献の読み方、プレゼンテーションの方法などについても丁寧に解説しています。どちらかというと文系向けで、水準的には初年次教育のテキストに適していると思われます。

注

1）井下千以子（2008）『大学における書く力　考える力－認知心理学の知見をもとに』東信堂、p. 47。
2）木下是雄（1981）『理科系の作文技術』中公新書、pp. 112-113を一部修正。
3）たとえば早稲田大学のライティング・センターなどがよく知られています。

（近田　政博）

6章

学生のキャリア形成を支援する

1. 大学生の就職をめぐる状況

1.1 人生の一大イベントとしての就職

　就職は、大学生にとって学生生活のなかで最も大きなイベントです。長年親しんできた学校という世界から、職場という未知の世界に移動することになりますが、それはたんに主な活動場所が変化することにとどまりません。学生から社会人へと社会的身分が変化します。生活時間やリズムが大きく変化しますし、なにより社会的責任の重さがまったく異なります。多くの社会的責任・役割を免除されてきた学生とは異なり、それぞれの職場で重い責任を負うことになります。社会人としての役割・責任も新たに生じます。大学卒業後の人生のあり方にかかわるまさに一大イベント、それが就職です。

　学生の就職は大学にとっても重要な問題です。就職は本来学生個人の問題であり、1人ひとりが自らの責任で対処すべきものです。また、大学が行う教育とは直接的な関係にありません。だからといって大学は無関心ではいられないところに問題の難しさがあります。

　学生の就職実績があがらなければ、優秀な学生を集めることはできません。就職先が世間的に名の通っていることは、学生や保護者にとって大きな魅力であり進学動機になります。大学にとっては優秀な学生を多数集めることにつながります。優秀な学生を募集できれば、卒業時の就職状況も改善されるというようなプラスの循環をつくり出すことができます。

　今日では、就職後の人生を念頭に置いて、学生の就職を支援する大学が増

えています。つまり就職だけではなく、キャリア形成を支援しようとしています。大学教員として、あるいはこれから大学教員になろうとする人にとって、このキャリア形成の問題にどのように向き合えばよいのでしょうか。教員の主な仕事である教育と研究は、この問題にどのように関係するのでしょうか。現在各大学が行っている就職支援のあり方に問題はないのでしょうか。ここでは、これらの問題について考えてみましょう。

1.2　一見順調な就職状況の裏にあるもの

　大学生の就職をめぐる状況は、その時々の経済状況によって大きく変動します。文部科学省と厚生労働省が2008年に発表した調査では、学生の就職率は大学全体で90％を上回っています[1]。この数字だけをみれば、学生の就職は順調ということができますが、この数字は就職希望者のうち実際に就職できた学生の割合です。就職希望率は大学全体で7割程度で、3割近くの学生はこの数字には含まれていません。このなかには、大学院、他大学・他学部への進学、留学など就職以外の進路を決めている学生もいますが、卒業後の進路について明確な意思をもたず、就職の希望の意思をもたない学生などもいます。ある時期までは就職を希望し、実際に就職活動を行いながらも、何らかの理由で就職をあきらめた学生も相当数います。さらに、最初から就職を希望しない学生も少なくありません。勉学や将来の進路に対する目標や意欲を喪失し、卒業後就職も進学もしない学生も少なからずいます（2009年3月卒業者の約12％[2]）。これらの課題を抱える学生を含め、すべての学生に進路に対する意識を高めさせ、3年後期から本格化する就職活動に備えさせることが、キャリア形成支援の課題になっています。

2.　大学のキャリア形成支援の取り組み

2.1　多様な形態と内容のキャリア形成支援活動

　各大学の就職支援・キャリア形成支援に関する活動状況を、労働政策研究・研修機構の調査結果によってみてみましょう[3]。2005年度に各大学が学

生のキャリア形成支援に関して行った活動は、以下のようになっています。

①就職ガイダンス　　　　　　⑤学内推薦による応募
②進路希望調査・求職登録　　　⑥インターンシップなど企業での実習
③業界・企業の研究会　　　　　⑦キャリア形成支援のための講義
④個別の面接・相談

　この調査によると、「就職ガイダンス」「進路希望調査・求職登録」「個別の面接・相談」は、設置者別および創設年度別を問わずどの大学でも9割程度が行っています。「インターンシップなど企業での実習」も同じく8割程度が行っています。「業界・企業の研究会」は創立1950年以降の私立大学で9割と多く、国立大学、公立大学、創立1950年以前の私立大学のいずれも7～8割が行っています。「学内推薦による応募」は設置者によってばらつきがありますが、「キャリア形成支援のための講義」は公立大学が少ないものの、国立大学と私立大学では大きな差異はみられません。

　私立大学のキャリア形成支援活動の実施状況を大学の規模別でみると、「業界・企業の研究会」「学内推薦による応募」「インターンシップなど企業での実習」「キャリア形成支援のための講義」でばらつきがみられます。概して小規模大学での実施率が比較的低いという結果になっています。キャリア形成支援に力を入れている私立大学は、これ以外にも多様な活動に取り組んでいます。「保護者に対する相談会を開く」「保護者あてに就職に関する情報を郵送する」など、保護者向けの活動も行っています。

　私立大学のキャリア形成支援の活動は、ガイダンスやセミナーが中心です。図6.1の日本学生支援機構が実施した調査によると、私立大学では26％の大学がガイダンス・セミナー等のみで実施しています。公立大学では、さらにその割合は高く45％になっています。後述のように、授業科目による取り組みもキャリア形成支援活動の重要な柱です。

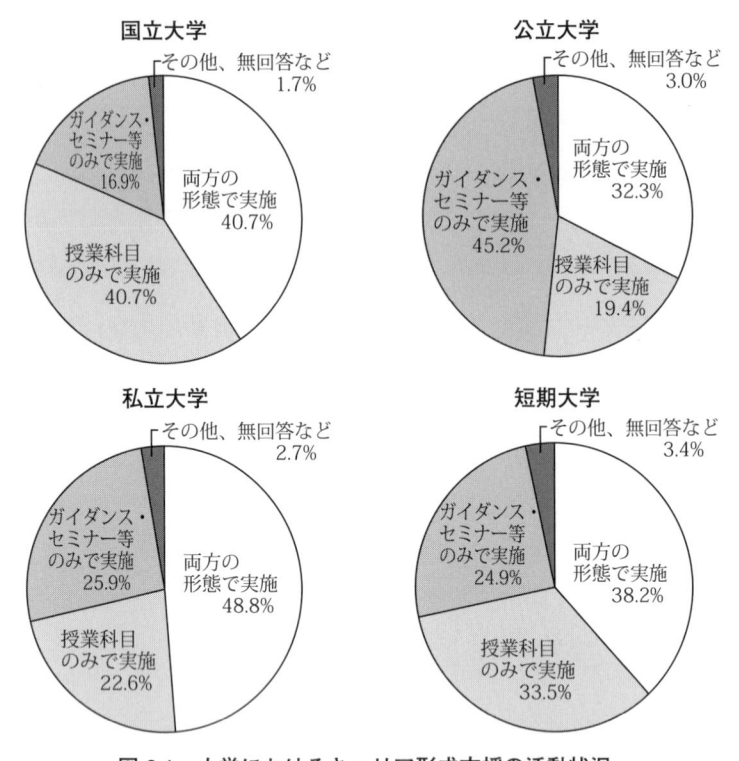

図6.1 大学におけるキャリア形成支援の活動状況

国立大学
- その他、無回答など 1.7%
- ガイダンス・セミナー等のみで実施 16.9%
- 両方の形態で実施 40.7%
- 授業科目のみで実施 40.7%

公立大学
- その他、無回答など 3.0%
- ガイダンス・セミナー等のみで実施 45.2%
- 両方の形態で実施 32.3%
- 授業科目のみで実施 19.4%

私立大学
- その他、無回答など 2.7%
- ガイダンス・セミナー等のみで実施 25.9%
- 両方の形態で実施 48.8%
- 授業科目のみで実施 22.6%

短期大学
- その他、無回答など 3.4%
- ガイダンス・セミナー等のみで実施 24.9%
- 両方の形態で実施 38.2%
- 授業科目のみで実施 33.5%

出所：日本学生支援機構（2006）『大学等における学生生活支援の実態調査』。

　授業科目やガイダンス・セミナー等以外の活動として、以下のものが実施されています。

- キャリアデザインに関するガイドブックや情報誌の作成・配付
- 職業適性診断システムでの適職診断の実施
- グループ面談や個人面談、キャリアカウンセリングの実施
- 業界や就職対策についての学生たちの自主勉強会への支援
- 職場（会社、工場、福祉施設、教育現場等）見学会の実施
- ボランティア活動への学生参加の促進
- 資格取得支援講座の開講
- 先輩訪問・聞き取り調査レポートをWEB上に紹介する「キャリアボード」開設

2.2 就職支援からキャリア形成支援への転換

　近年の傾向として、たんに就職のみを支援するのではなく、関連する幅広い活動を行うことが重視されています。就職だけの支援であれば、就職活動を学生が進めるための支援を、比較的短期間に集中的に行うことで対処できます。現在は、それでは不十分です。就職活動が本格化する3年生の後半になっても、就職に対する意欲や関心が高まっていない学生が多いため、その時期から支援を開始したのでは遅いのです。低年次のうちから、卒業後の職業生活や社会生活の見通しをもったり、それに向けて自覚を高め準備したりすることが必要になっています。つまり、就職活動の開始時期に向けて学生が段階的に準備できるように支援することが求められています。

　これに伴い、関連する活動も従来から使われてきた就職支援という用語よりも、キャリア形成支援あるいはキャリア支援という用語が多く使用されるようになっています。キャリア形成支援では、就職を軽視したり逆に過大視したりするのではなく、人生における職業の意味や役割を理解させるとともに、就職が今後の人生の1つの節目であることを把握し冷静に対処させることを重視しています。大学在学期間もそのための準備期間であること、したがって人生を創造的にするために学生生活に対する自覚的な取り組みが必要であることの理解を促します。就職だけでなく、大学院進学や留学なども視野に入れた指導が必要となります。

　連動して、事務組織の名称も、「就職指導課」「就職課」などから「キャリアセンター」「キャリア支援課」などと変更する大学が、1990年代から増えました。現在では、後者の名称が一般的になった感があります。キャリアセンターを設置する大学は私立大学に多くみられますが、国立大学のなかにも設置する大学が増えています。

2.3 キャリア形成支援に向けた教員・職員・学生の協働へ

　国立大学では、キャリア形成支援に専念する職員数が、私立大学、とくに大規模私立大学と比較して限られます。その分、教員の果たす役割が大きくなります。多くの大学に就職関係委員会が設置されており、教員もメンバー

の1人として活動しています。教員と職員が協力して、学生のキャリア形成支援を担うことになります。

　キャリアが学生自身のものであることを考慮すれば、当然ながら学生自身の役割も重要です。たんに支援を受けるだけでなく、主体的にキャリア形成に取り組む必要があります。さらに、ある段階からは他の学生を支援する役割も重要になってきます。いわゆるピア・サポートです。すでに多くの大学でこのようなピア・サポートが組織されています[4]。先輩学生から就職活動について話を聞いたり相談にのってもらうことには、参考になる点が多く、事務職員や教員から指導を受けるのとは異なる効果があります。先輩学生にとっても、みずからの就職活動を振り返る契機になり、自身の卒業後の職業生活を構想するうえでも有益なはずです。支援を受ける学生にとっても行う学生にとっても、ピア・サポートの意義は大きいのです。

　その一方で、先輩といえども学生です。そのため、ピア・サポートが一定の効果をあげるためには、先輩学生に対して研修を行うことが必要になります。研修プログラムを開発したり実施するには、相当の時間とコストを要します。これらは、学生の状況や就職状況に関する正確な知識・情報を必要とするもので、教員、職員、学生自身の三者間の協働が不可欠です。

3. キャリア教育の取り組み

3.1　キャリア教育とは何か

　学生の就職支援は、従来は就職課等の大学職員を中心に実施されてきました。近年、教員もこの問題にもはや無関心ではいられません。各種調査が示しているように、実際に多くの教員がこの活動に参加しています。活動の目的が就職支援からキャリア形成支援に変化し、活動内容も拡大するなかで、教員の役割は増えており、責任も重くなっています。この傾向は今後さらに拡大することが予想されます。

　問題は、教員としてこの活動にどのようにかかわるかです。就職関係委員会のメンバーとしての関与もその1つですが、それは数多くある関与の方法

の1つに過ぎません。教員の基本的な職務が教育と研究であることを考えれば、キャリア形成支援の活動を教育、とりわけ授業と関連をもたせて実施することが重要といえます。その活動の1つとして、キャリア教育があります。

国立大学協会は、ワーキンググループを設置して、大学におけるキャリア教育のあり方について審議してきました。同グループは、キャリア教育を以下のように定義しています[5]。

> 「学生（以下院生を含む）のキャリア発達を促進する立場（目的）から、それに必要な独自の講義的科目やインターンシップなどを中核として、大学の全教育活動の中に位置づけられる取り組み」

同グループは、キャリア教育のねらいについて、大学の正規の教育活動だけでなく学生によるさまざまな自発的活動、広く企業等の事業所や地域社会における活動や仕事、家庭生活や交友関係等を通して実現されるものであると指摘しています。つまり、コアとなる活動はあるとしても、大学が従来から行っている教育活動全体を通じて行ったり、学生の生活全般にわたる活動を通じて行ったりすべきであり、そのために教員や職員だけでなく、学生の側の主体的で意識的な取り組みが不可欠ということです。

3.2　キャリア教育の実施状況

キャリア教育の現状はどのようになっているのでしょうか。国立大学協会教育・学生委員会は、キャリア教育の形態として「学生全体に対するキャリア教育」「個別的キャリア支援・学生指導」「自発的学習活動・課外活動等への支援」をあげています。このうち「学生全体に対するキャリア教育」の内容として、①インターンシップ、②一般教育科目や専門科目におけるキャリア志向学習、③キャリア教育独自の講義科目（一般教育科目）の3種類をあげています[6]。

就職問題懇談会によると、「職業意識の形成に関わる授業科目」を開設している大学は、2001年の35.0％から2005年には56.4％へと上昇しています。これに開設予定の10.6％を加えると、全体の3分の2の大学がこの

科目開設に取り組んでいます[7]。

一方、国公私立大学等関係団体で構成している日本学生支援機構によると、授業科目のみでキャリア形成支援活動を実施している大学は、国立40.7％、公立19.4％、私立22.6％という状況です（図6.1参照）[8]。キャリア形成支援活動に配置できる大学職員の数が限られている国立大学にとって、キャリア教育科目の開設は比較的実施しやすい活動といえます。その実施状況をみると、国公私立大学とも全学共通科目（選択科目）として取り組む割合が最も高くなっています（図6.2参照）。このことは、この方式による実施がいずれの大学にとっても比較的容易であることを示しています。

国立大学協会（2005）は、「学生の職業観形成に関わる授業科目」の例として、36大学の事例を紹介し、それらを大きく3種類に分類しています。第1のタイプは講義中心の授業で、多様な学内外講師が登場するものです。第2のタイプは自己学習・相互学習にウエイトがあり、1人の講師が運営するとみられるものです。第3のタイプは第1と第2のタイプの混合とみられるものや形態不明のものです。

このようなキャリア教育のあり方に問題はないのでしょうか。全学共通教育による実施、しかも選択科目としての扱いは、大学にとってはいかに実施が容易であるとしても、キャリア形成という面でどの程度の効果があげられるか疑問です。一般的な内容になりがちですし、学生が履修しない可能性も

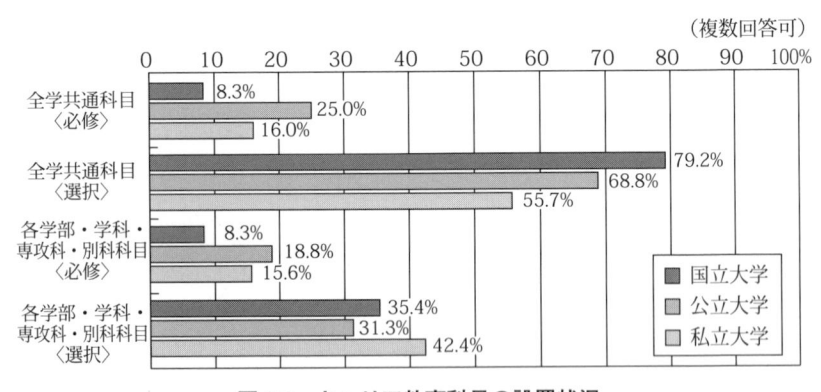

図6.2　キャリア教育科目の設置状況

出所：日本学生支援機構（2006）『大学等における学生生活支援の実態調査』より筆者作成。

高くなります。キャリア形成として一定程度の効果をもたせるためには、全学共通科目のみならず学部・学科単位でも実施すること、それぞれの専門教育との関連をもたせること、受講を必修とすることなどの措置も必要です。また、現状では講義中心の授業が多いのですが、学生が主体的に学べるように授業の方法を工夫することも必要でしょう。

4. キャリア形成支援に関する教員の役割

　学生のキャリア形成支援に対して、教員はどのように取り組むべきでしょうか。教員の基本的な仕事が教育であり、その中核を占めるのが授業であることを考慮すれば、授業を中心にキャリア形成支援を行うことが理にかなっています。それでは、キャリア教育で、学生たちに何を理解させるべきなのでしょうか。

4.1　雇用の現状を正確に理解させる

　まず、今日の雇用状況、現実の多くの職場で展開されている労働の現状を正確に理解させることです。雇用状況に関して理解させるべきは、正社員等の正規雇用で従事する人の割合が、近年急速に減少していること、派遣・パートタイム・請負等の非正規雇用で従事する人が、すでに被雇用労働者全体の3分の1に達していることです。とくに新規に労働市場に参入する若年層ではその傾向が顕著です。そのため、日本では労働市場で他世代と比較して一般に有利な立場とみられてきた若年層でも、正規雇用での就職は容易とはいえません。非正規雇用であれば、その立場はきわめて不安定であり、いったん不況になれば雇用の調整弁としてただちに失業に追い込まれる可能性があります。非正規雇用を避けようとしても、全体としての正規雇用の数が限られている状況では、個人の努力だけでは正規雇用に就けない事態も十分に予想されます。さらに、正規雇用で就職できても、現在はどの職場でもぎりぎりの人数で膨大な仕事量をこなすことが求められており、さらに人事評価も厳しくなっています。そのなかで若手が育ちにくい現実があります。そのため、せっかく就職しても、卒業後3年以内に仕事を辞める人が大卒就職者

の3割程度います。

　これらの事実について、就職活動を始める頃には、学生は十分承知していることでしょう。しかし、そのような学生でも、労働者としての基本的な権利が認められていること、それを行使することが可能かつ必要なことについて、必ずしも十分に理解しているとは限りません。大学の授業では、こうした事実の正確な理解を促すことが、まず基本的な仕事ではないでしょうか。

4.2　就職活動の不首尾を学生の責任にしない

　企業の新規学卒者採用が、かつてのような大量一括採用から、必要な人材の精選、さらに通年採用という方向に方針転換しているため、就職は容易ではありません。また、在学する大学や学部など本人の責任とは直接に関係のない要因によっても、就職の機会が左右される場合もあり得ます。厳しい雇用情勢の時期には、いかに熱心に就職活動をしても満足な結果にならない可能性は小さくありません。就職できても、非正規雇用での就職という場合も十分にあります。仮に就職活動の結果が思わしくなくても、それを学生の責任にすることはできません。学生のなかには自分の責任と考え、その後の生活に深刻な影響の出る人も少なくありません。そのようなことにならないように、教員は少なくとも学生を責めるようなことは厳に慎むべきです。

4.3　企業のニーズに振り回されない

　学生が企業のニーズに振り回されないように指導することも重要です。学生の就職活動の開始時期は年々早まっており、教育に与える影響は無視できない状況です。大半の学生は、3年生の3月以前に就職活動を開始しています。専攻領域が次第に固まり、いよいよ本格的に勉強に取り組んでほしいと思う3年生の後半の時期に、就職活動が始まります。自分の将来や卒業後の生活に対する期待と不安のために、どうしても学生の関心は勉学よりも就職活動に向かいがちです。就職活動が事実上終わっても、気分の切り替えがうまくできずに、なかなか卒業論文・研究に身が入らない学生は少なくありません。企業が優秀な人材を求め、その育成を大学に真に期待するのであれば、本来学生が大きく伸びるはずの大切な時期に就職活動を学生に余儀なくさ

せる事態は避けるべきです。その改善を教員個人が求めることは難しくても、少なくとも批判的視点をもつことは必要です。

学生には、この事態を理解させるとともに、卒業論文の執筆などの学業を着実に進めるために、スケジュール管理や時間管理のスキルを獲得させることが必要になります。また、就職を有利に進めるために職業資格の取得に熱心な学生に対して、希望する職業資格の取得が本当に就職に結びつくのかどうかを冷静に判断させること、その判断を適切に行うために必要な情報を提供することが必要です。もちろん、その前提として、職業資格取得講座をキャリア形成支援活動として実施している大学の活動の見直しも必要です。その資格が有効かどうか大学側が見定め、それを学生に伝えること、不必要なものについては資格取得講座の実施を中止したり、学生に取得を断念させたりすることなども必要になります。

4.4　職業について考える機会に気づかせる

ほとんどの学生にとって、卒業後の生活で職業に従事することは不可避です。職業の占める位置は一般にきわめて大きいものです。そのことを考慮すれば、在学期間中から職業について考えることが重要です。先に述べたように、就職活動の時期になって考え始めるのでは手遅れであり、低年次から始める必要があります。職業について考える機会は、大学には多様な形態で存在しています。キャリア教育は最も代表的なものです。そのほかにも、キャリアセンターなどが開催する各種イベント（セミナー、企業や研究所等の見学会、インターンシップ、先輩との討論会など）、さまざまなメディアを通じて提供される各種の情報があります。またシーズンになれば、先輩学生の就職活動への真剣な取り組みを間近にみることができます。もちろん、学外にも関連のイベントや情報は多様に存在します。

その気になれば職業について考える機会は多いのです。そもそも、大学の授業もそのための重要な機会です。どのような種類の授業であれ、広い意味では社会や職業生活と無関係ではありえません。これらの存在に敏感になること、それらを積極的に活用することを学生に勧めることが必要です。

4.5 アルバイトの積極的な意義について理解させる

　アルバイトは、ほとんどの学生が在学期間中に体験しています。本来学生は、労働から解放されて学業に集中することが許される、いわば特権的な存在です。その彼らにとってアルバイトをすることは、特権を存分に享受することを妨げる要因になり得ます。しかし、経済的に苦しく、学生生活を維持するためにアルバイトが欠かせないという学生も多いのが実態です。

　そうであるならば、アルバイトを積極的に捉え直すことも必要になります。たんに生活費・小遣い稼ぎの手段としてだけでなく、人生設計の観点から捉え直すように勧めることです。提供する労働には真剣さが求められます。どのような職業であれ、金銭の授受を伴っており、携わる人の生活がかかっているからです。いい加減な態度で仕事に従事すれば、叱責はもちろん、解雇もあり得ます。その厳しさは、就職活動を始める際の1つのヒントになることでしょう。

4.6 生活設計を行う習慣を獲得させる

　4年間の学生生活には、重要な節目がいくつかあります。学生の個人的な事情によってその時期は変化しますが、多くの学生に共通する時期があります。そのような節目になる時期に、自分の生活を振り返らせること、今後の生活を創造的にするために達成すべき目標を考えるなどの生活設計を行わせること、これらを習慣化させることが必要です。

5. 学生を進路決定の主体にさせる

　キャリア形成支援に関する活動は多様です。これらの実施状況は大学により異なるとはいえ、近年はどの大学でも取り組まれており、その活動の多くはキャリアセンター等の就職・キャリア支援部門に所属する職員によって行われています。教員は、彼らの仕事を代替することはできないし、またそれが求められているわけでもありません。教員は教員にしかできないことを中心に担当すべきです。それは、やはり授業を中心とした教育活動です。

キャリア形成が、学生にとっては自分の将来にかかわる重要なテーマであり、待ったなしに対応を迫られるものであることが理解できれば、学生は本気になります。それをテコに、学生の学習行動や学生生活を、より主体的で自覚的なものへと改善するよう促すことができます。教員としても、みずからの授業を見直す契機にすることもできます。

　少なくとも、キャリア形成支援のための活動が、学生を大学のサービスの受け手・消費者とさせることのないように留意する必要があります。進路決定の主体はあくまで学生個人であり、学生は自分の責任で決定する必要があります。それを前提としつつ、教員は教育者として人生の先輩として、その決定をサポートすることが求められています。

推薦図書

- 金井壽宏（2002）『働くひとのためのキャリア・デザイン』PHP研究所、780円
  変化の激しい時代・環境のなかで自分らしさを追求するには、キャリア・デザインが不可欠と指摘しています。キャリアとは何か、キャリア・デザインとはいかなることかを、豊富なデータとともに示しています。
- 城繁幸（2006）『若者はなぜ3年で辞めるのか？』光文社、700円
  厳しい就職活動を乗り越えやっと就職したにもかかわらず、多くの若者が短期で転職しています。転職者を安易に批判するのでは事態の改善にならないこと、職場の現状を正確に把握することもキャリア支援の重要部分であることを示しています。
- 石渡嶺司、大沢仁（2008）『就活のバカヤロー―企業・大学・学生が演じる茶番劇』光文社、820円
  就職活動、インターンシップ、各種就職情報等、大学教職員・学生がしばしば所与のものとして受容している実態を批判的に描いています。就活に振り回される大学・学生にとって、現状再考を促す書籍です。

注

1）文部科学省、厚生労働省（2008）『平成19年度大学、短期大学及び高等専門学校卒業者の就職状況調査（4月1日現在）について』。
2）文部科学省（2009）『平成21年度学校基本調査速報』。同調査では、「家事の手伝い

など就職でも「大学院等への進学者」や「専修学校・外国の学校等入学者」等でもないことが明らかな者」としています。
3）労働政策研究・研修機構（2006）『大学生の就職・募集採用活動等実態調査』
4）たとえば名古屋大学では、「就活サポーター」と呼ばれるグループがピア・サポートを行っています。主に就職活動を終え希望進路を獲得した先輩（大学院生を含む）が、後輩学生の支援をする活動です。学生相談総合センターの就職支援部門が、彼らの募集や研修の実施を担当しています。
5）国立大学協会（2005）『大学におけるキャリア教育のあり方－キャリア教育科目を中心に』。
6）同上書。
7）就職問題懇談会（2005）「平成17年度就職・採用活動に関するアンケート調査結果について」。
8）日本学生支援機構（2006）「大学等における学生生活支援の実態調査」。

（夏目　達也）

7章 大学教育におけるチームワーク

1. なぜ大学教育にチームワークが必要か

1.1 新任教員が抱える困難

　長かった大学院生時代を終えてようやく大学教員になったばかりの新任教員は、困難な点をいくつか抱えています。第一に、新任教員は赴任先の大学が長年にわたって培ってきた文化や制度、そして授業を行う対象である学生について、まだほとんど知りません。

　第二に、新任教員には教育経験がほとんどないので、教授法の知識や技能は限られています。これまで学生として受けてきた授業の経験、あるいは非常勤講師をした経験などを活用することはできますが、あなたが学生時代を過ごした大学と教員として着任する大学では、教育文化や学生の気質は大きく異なるかもしれません。また、担当する授業のみならず学生の課外学習まで視野に入れなければならず、多様な役割が求められます。ベテラン教員と比べて新任教員にアドバンテージがあるとすれば、最近まで学生（大学院生）だったため学生の感覚を比較的理解しやすいという点くらいでしょう。

　これらの困難を自分の力だけで克服するのは大変です。この章の目的は、大学の内外にあるさまざまな人的ネットワークやサービスを活用することによって、新任教員としてのあなたの心理的および物理的な負担を少しでも減らし、できるだけスムーズに新しい環境に適応するコツを紹介することです。言い換えれば、この章の基本メッセージは「教育は共同作業で成り立っているので、まずは学内にたくさんの仲間をつくろう」ということです。

1.2 大学教育改革の方向性

　近年の大学改革では、組織全体で教育活動にどのように取り組んだかを重視するようになっています。たとえば、大学設置基準にFD（ファカルティ・ディベロプメント）の実施義務が明記されていますが、その主眼は大学として教育能力の向上にどう組織的に取り組むかに置かれています[1]。各大学は、若手の教員、赴任して間もない教員、あるいは授業に苦労している教員に対して組織的なサポートをする義務があります。逆にいえば、各教員は困ったときに大学に対して組織的なサポートを求めることができるのです。

　大学が組織として取り組む必要があるのは、教育活動の評価においても同様です。2004年には認証評価制度が発足し、いずれの大学も7年に1度、文部科学大臣の認める認証評価機関[2]から教育・研究および社会サービスや大学運営に至るまで第三者評価を受けることを義務づけられました。大学としてどのように組織的に改善に取り組んだかについての説明を求められています。今日では、成績評価においてGPA制度を導入する大学は294校、学生による授業評価アンケートを導入する大学は541校（いずれも平成18年度）に増えています。現代の大学には教育活動のさまざまな面において「評価の文化」が入り込んできているといえるでしょう。

　高等教育における評価の基本は「相互性」にあります。論文審査や研究費の審査などの研究活動においては、専門家による相互評価の伝統が根づいています。教育面においても、教員が学生の成績評価を行う一方、受講生は授業の内容や方法について評価する権利があるという考え方が一般的になりつつあります。

　このように近年の大学教育では、組織としてどう改善に取り組んでいるのか、相互評価の仕組みをどのように整備しているのかを問われるようになっています。一教員のレベルでは、大学内のリソースやサービスを積極的に活用しながら、他の構成員である同僚の教員、職員、学生などと連携して授業改善に取り組むことが求められます。

2. 大学教員も組織人である

2.1 カリキュラムとは何か

　大学教育の核となるのはカリキュラムです。大学教育の個性はカリキュラムのなかに表現されます。しかし、どんなに優れたカリキュラムであっても、教員間の合意と協力がなければ機能することはありません。たとえば、政党がすばらしいマニフェストを掲げたとしても、個々の政治家がそれぞれ矛盾したことを言ったり平気で公約違反をしたりしたら、国民の信頼を失ってしまいます。同様に、カリキュラムが十分な効果をあげるためには、個々の教員が自分の大学の「建学の精神」やミッションについて知り、これらに基づいた教育目標を理解し、自分の授業がどのような役割を果たすべきかを意識し、実行しなければなりません。

　カリキュラムという言葉は、「走路」「流れ」を意味するラテン語を起源にもつといわれています。走路や流れは、旗の翻るゴールをめざして走るプロセスであるといえるでしょう。ゴールを教育目標だと考えれば、カリキュラムとは教育目標を達成するための計画ということになります。具体的には、学生に提供される授業科目の総体であり、学位取得のために修めるべき課程のことです。日本語では「教育課程」という用語がほぼカリキュラムと同義に使われています。

　カリキュラムを知るうえで最初にすべきことは、所属する大学の教育目標が何かを知ることです。大学には、建学の精神やミッションが掲げられているはずです。これらはウェブサイトや大学紹介冊子などに必ず掲載されています。さらに、中期目標・中期計画などといった、時限つきの目標が定められていることもあります。自分の大学が何をめざそうとしているのか、何を実現したいのかを知っておくことは、個々の教員にとっても有益なことでしょう。

2.2 自分の授業の位置づけを知る

　次に新任教員がすべきことは、自分の所属する学部や学科の教育目標とそのカリキュラムを知ることです。これもウェブサイトなどから簡単に知ることができるでしょう。自分が担当する授業は、こうした学部や学科のカリキュラムのどのあたりに位置づけられているでしょうか。入門レベルでしょうか、それとも上級レベルでしょうか。また、あなたの授業で求められているのは、学生が知識を習得することでしょうか。それとも特定のスキルや態度を身につけることでしょうか。

　あなたの授業は、他のどのような授業と関連しているのでしょうか。それらは、どのような水準で、どこまでの内容を扱っているでしょうか。学生がそれらの授業をスムーズに履修できるようにするためには、内容や方法において他の授業とのつながりが明確であることが重要です。授業に関する学生の苦情の多くは、カリキュラム上は科目同士の関係が整合的に配列されていても、実際に履修してみると内容に一貫性がないことや、教員が学生の理解度について把握していないことに関するものです。

　カリキュラムの基本要素は、範囲（Scope）と順序（Sequence）だといわれています。範囲とは、どこからどこまでの内容を扱うかということです。順序とは、扱うべき内容をどのような順番で履修させるかということです。これは、学部や学科レベルの問題ですが、自分の授業の問題として考えればシラバスにつながります。つまり、大学のカリキュラムには次のような垂直関係が存在します。

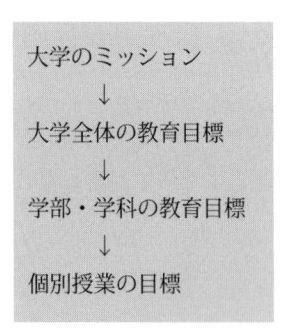

```
大学のミッション
    ↓
大学全体の教育目標
    ↓
学部・学科の教育目標
    ↓
個別授業の目標
```

まずは、あなたの授業が大学のミッションや学部・学科の教育目標にそうものになっているかどうかを確認してみましょう。

2.3 組織のルールやマナーを守る

どの大学にも授業に関するルールがあります。たとえば履修登録、履修の追加・取消、休講、学生の欠席や遅刻の扱い、補講の扱い、試験の方法、成績評価の基準や方法などについて取り決めがあるはずです。これらについては、一教員であるあなたが恣意的に判断してはいけません。授業を担当する際には、シラバスに記載した内容が大学の基本ルールと矛盾しないかどうかを確認してください。学生から問い合わせがあり、判断がつかないときは、教務・学生担当の職員に確認しましょう。

ルールのように成文化されていなくても、教員として守るべきことがあります。それは、社会人としての基本マナーです。授業の開始あるいは終了時間を守ること、受講生と取り決めた約束を守ること、学生の名誉やプライバシーを侵害しないことなどがあげられます。たとえば、「○○高校から来た学生は遊び慣れている」「△△地方出身の人は協調性がない」など、不用意に決めつけるような表現は慎むべきでしょう。また、学生と接する際は、誠実に対応するように心がけましょう。

3. 授業で困ったときはチームワークが役に立つ

あなたが勤務先での教育活動において困難に直面したとき、どのようにして他者の助けを借りることができるでしょうか。まずは授業で困った場面に直面した場合を考えてみましょう。

3.1 同僚教員に相談する

あなたにとって最も身近な相談相手は、同じ学部や学科の同僚教員でしょう。そのなかには、教員仲間からも学生からも信頼されている教員がいると思います。授業の進め方に困ったときは、そういう同僚教員にアドバイスを求めてみませんか。まずあなたの授業のシラバスや学生による授業アンケー

ト結果などの資料を見てもらい、そのうえで、どんなことに困っているかを率直に話してみましょう。また、少し勇気が要りますが、その同僚教員にあなたの授業を参観してもらうという方法もあります。どこに問題があるか、何を改善すべきかについて、コメントしてもらうと参考になるでしょう。

また、同僚の授業を見せてもらうという方法もあります。自分の授業を公開する大学教員はまだ少ないですが、確実に増えつつあります。どのように教材を作成し、どのように学生に語りかけ、どのように効果的な課題を出しているかを観察してみましょう。大学教員のような専門性の高い職業においては、その能力開発は相互の学び合いが基本となります。優れた同僚から学ぶのが一番の近道といえるかもしれません。

3.2 大学教育の支援組織に相談する

規模の大きな大学では、大学教育センターや高等教育開発センターなどの名称で、大学教育の支援を行う専門組織が置かれているところが多くあります。こうした専門組織では、新任教員に対する研修、授業アンケート結果の分析、教員相互の授業参観のコーディネート、授業改善に関する各種セミナーの開催、優秀な教員の表彰、ティーチング・アシスタント（以下、TA）[3]に対する研修、授業支援教材の開発などを行っています。

まずあなたの大学にこうした組織が設置されているかどうかを調べてみましょう。設置されている場合は、その組織がどのような支援サービスを行っているかをウェブサイトなどで確認してみましょう。一般的に、支援サービスは研修プログラムの提供と個別サポートに大別されます。研修プログラムは特定の対象者ごとに定期的に開催されています（たとえば、新任教員研修やTAのための研修など）。このほか、教授法や成績評価など具体的なテーマについて、随時セミナーや研修会が開催されています。個別サポートを行っている組織では、専任スタッフにあなたの授業の悩みについて相談することができます[4]。教育支援組織が、あなたの相談相手として適切な教員を紹介することもあります。

3.3 TAを授業パートナーとして育てる

あなたの授業に大学院生のTAがいるなら、TAをあなたの授業パートナーとみなすべきでしょう。TAを務めることは、大学院生にとって授業経験を積む貴重な機会になります。実際に、多くの大学院生がTAの経験を肯定的に評価しています。もしあなたの授業にTAを配置することが認められるのであれば、ぜひ労力を惜しまずに候補者を探すべきでしょう。大学院生が少ない大学では、学士課程の上級生あるいは他大学の大学院生を採用することが認められることもあります。

TAを採用する際に大事なことは、教員とTAが授業の進め方について事前に十分に話し合う機会をもつことです。あなたがどんな授業をめざしているのかをTAに伝えましょう。そして、TAは単なる雑用係ではなく、あなたと一緒に授業をつくるパートナーであり、あなたの授業を他者の目でモニターするという重要な役割を担っていることを説明しましょう。一般にTAは教員よりも年齢的にも受講生に近いので、受講生の意見をくみ取り、教員に伝えるという点で適した存在といえるでしょう。

3.4 学外の各種研究会の知見を活用する

あなたの授業づくりを支援してくれる存在は学外にもあります。全国の主な大学の教育支援組織では授業改善のためのハンドブックやウェブサイトを提供しています。こうしたリソースを活用すれば、大学の垣根を越えてさまざまな手がかりを得ることができます。たとえば、名古屋大学の高等教育研究センターは、大学教授法の体系を『成長するティップス先生』というハンドブックにまとめています。他にも、『ティップス先生からの7つの提案（教員編、大学編、学生編、IT活用授業編、教務学生担当職員編）』『ティップス先生のカリキュラムデザイン』など、さまざまな著作物をウェブ上に公開しています。北海道大学の高等教育機能開発総合センターでは、授業改善のための各種ノウハウをウェブ上に公開しています。京都大学の高等教育研究開発推進センターでは、さまざまな分野のユニークな授業実践をデータベース化した「大学授業データベース」を提供しています。

このほか、各地域の拠点として、大学教員・職員向けにさまざまな情報サービスを提供している機関があります。たとえば、首都圏では大学関係者向けの研修施設である「八王子セミナーハウス」が、京都では域内の大学が共同で運営している「大学コンソーシアム京都」が、大学教育支援のために活発な活動を行っています。

　また、特定学問分野の教育に関する学会や研究会もあります。日本科学教育学会、数学教育学会、日本物理教育学会などは、初中等教育から高等教育に至るまでのあらゆる教育段階における理数教育を扱っています。工学系では日本工学教育協会、医学系では日本医学教育学会、日本看護学教育学会などがあります。大学教育全般を扱う学会としては大学教育学会や高等教育学会などがあります。もし自分の専門分野の教育について知識とスキルを磨きたいと思ったら、こうした学会に参加するのも1つの方法でしょう。

4. 授業以外でもチームワークが役に立つ

　チームワークが役立つのは授業だけではありません。大学教員が学生と接する場面は、授業時間以外にも、オフィスアワー、卒論指導、課外活動などいろいろあります。授業時間外の教育活動において、あなたが1人で解決できないような問題に直面したときは、次のような方法もあります。

4.1　どんな学生支援組織があるかを調べてみる

　大学教員ならば誰しも経験があることですが、学生はしばしば教員に相談を求めてくることがあります。相談内容は授業に関することもあれば、進路の問題、金銭的なトラブル、人生の意味、恋愛などの人間関係上の悩みなど、千差万別です。好むと好まざるとにかかわらず、大学教員は学生からカウンセラー的な役割を期待されることが少なくありません。授業に関する相談を受けているうちに、いつの間にかプライベートな話題に移ってしまうこともよくあります。学生から個人的な悩みを打ち明けられることは、教員としてのあなたのプライドをくすぐるものかもしれません。しかし、大学教員であるあなたは精神科医やカウンセラーではないということを忘れてはいけませ

ん。

　まずは、大学教員であるあなたは学生の家族や親友、あるいはカウンセラーの代わりになれないということを、学生にはっきり伝えるべきでしょう。こういう場合、大学教員にできることは、①客観的な聞き手になること、②問題の整理役になること、③適切な選択肢を提案すること（慎重を期すべきですが）、④適切な専門家を紹介すること、くらいだといわれています。もちろん、学生からの相談内容について、教員であるあなたは守秘義務を負っています。

　相談の内容が明らかに深刻で、学生がその解決に困っているような場合は、上記の④のように、大学に設置されている学生相談を利用するように勧めるのも1つのアプローチです。一般的にこうした相談施設では、学生生活全般にわたる相談、学習上の相談、進路に関する相談、各種のハラスメント相談などを扱い、専門家である臨床心理士や精神科医が勤務しています。支援内容は大学によって異なりますので、あなたの大学の相談施設がどのような活動を行っているのかを事前に確かめておくとよいでしょう。

　他にも大学にはさまざまな学生支援施設があります。文献検索や学習方法については、図書館がさまざまなサービスを提供していることがあります。学生の進路や就職については、多くの大学ではキャリアセンターや就職支援室などの専門施設を置いています。留学生からの相談については、留学生センターや留学生相談室などが対応します。

　大事なことは、あなたの大学にこうした学生支援を目的とした施設がどのくらい存在し、具体的にどのような支援を受けられるのかということをあらかじめ確認しておくことです。これらの施設やサービス内容については、新任教員研修会などの場で紹介されることもあります。

4.2　教務・学生担当職員と情報交換する

　新任教員にとって頼りになるのが、教務担当や学生担当の職員です。カリキュラムや履修登録などの手続きに関する質問がある場合、たいていは教務担当の窓口に足を運ぶことになります。彼らとふだんから良好な関係を保っておくと、さまざまな有益な情報を提供してもらえるかもしれません。

学生の異変についても、教務担当や学生担当職員の方が教員よりも詳しいことは珍しくありません。学生対応の窓口業務をしている職員は、日常的に学生に接しているので、挙動の不自然な学生や履修手続きに来ない学生について、教員よりも早く察知できることがあります。また、教員の研究室を訪ねることは学生にとって敷居が高いものですが、窓口の職員には気軽に話せる場合もあるでしょう。授業に関するクレームなども、直接教員に言えない本音などを職員に伝えているかもしれません。

　この他、カリキュラムの見直しや、授業評価アンケートの実施、学生募集から就職支援に至るまで、職員は実務面で大きな役割を果たしています。まずは最も近い存在である教務・学生担当職員の人たちの名前と顔を覚えて、日頃から大学教育や学生のことについて情報交換しておくことをお勧めします。

4.3　学生や卒業生と連携する

　多くの大学が学生に授業評価アンケートを実施しているということは、学生を大学教育の立体的な構成員として認めているということに他なりません。一昔前の大学では、学生が主体的に大学行事に参加する機会は大学祭くらいに限られていました。現在では、カリキュラムの見直しや教員表彰、国際交流プログラムなど、各種の大学運営において学生の参加度が高まりつつあります。こうした学生参加は、彼らの学習意欲を高め、人格的な成長を促すことにつながるとみなされています。学生は授業料を払ってくれる「お客さん」ではなく、かといって教員の言うことに服従すべき「子ども」でもありません。学生もまた教員とともに大学を発展させるパートナーなのです。

　一方、卒業生も大学教育を向上させるうえで大きなパートナーとなりえます。今日では、卒業生を授業のゲストスピーカーや就職支援講座のゲストとして招聘することはごくありふれた光景となっています。卒業生に再び大学に足を運んでもらう「ホームカミングデイ」を実施する大学もたくさんあります。インターンシップの受け入れ先を探す場合も、卒業生は力強い存在です。一教員の立場でできることは、ゼミの卒業生あるいは授業の受講生とのネットワークを大事にすることです。たとえば、最新の教育・研究内容や後

輩たちの活動を彼らに伝えましょう。時には、卒業生をパーティーやゼミ旅行に誘ってみてはどうでしょうか。

5. チームに貢献する

これまでは既存の人的ネットワークの力を借りる方法についてみてきましたが、最後にあなたが経験を積んで中堅教員になったときのことを考えてみましょう。あなたはチームにどんな貢献をすることができるでしょうか。

5.1 授業ノウハウを同僚に提供する

一教員としてあなたにできることは、自分の授業のノウハウを他の教員にも公開することでしょう。中堅教員となったあなたは、たとえば次のような点でチームに貢献することができます。

- 自身のシラバスや授業記録などを公開する
- 自身の授業を他の教員に公開する
- 若手教員の相談相手になる
- 自分の失敗経験とそこから得られた教訓を他の教員に話す
- 依頼に応じて、他の教員の授業を参観し、建設的なコメントを述べる
- 同じ分野を担当する教員間で授業改善についての意見交換を行う
- 自身が蓄積してきた授業ノウハウを学内のFD支援組織に提供する
- 学生や職員からの要望を他の教員に伝える

5.2 教育関連の学内業務に参加する

大学における教育活動は、授業や課外学習の支援をすることだけにとどまりません。広い意味では、教育に関する運営業務も含まれます。大学で常勤の教員ポストにつくということは、こうした運営業務を担うということでもあります。大学には学問の自由がありますが、その自由を守るために大学人自身で大学を運営することが求められます。

一般的に、新任教員のときはそれほど大きな責任を負うことは少ないですが、ベテラン教員となるにつれて、各種委員会の委員長などの重要ポジショ

ンを任されるようになります。学内業務は多岐にわたりますが、教育面において新任教員が関わる可能性の高いものとしては、次の表のようなものがあ

表7.1 学部内の各種委員会業務(教育面を中心に)

名称	職務内容
教授会 (研究科委員会)	学部の教員人事、予算、入試判定、卒業認定、学位審査など、学部の最重要課題を審議・決定する[6]。一般に、学部長が議長を務める。細部にわたる審議は学科会や各委員会レベルで行われた後、教授会で最終決定する仕組みになっている。教授会の権限は大学・学部によって大きく異なる。大学執行部や理事会との関係によっても変わる。教授会の構成員も大学・学部によって多様である。教授だけで構成される場合もあれば、准教授以下の教員を含む場合もある。大学院については教授会に相当する審議機関として研究科委員会が置かれている。
学科会 (専攻会議)	学科の運営に関することを審議する。一般に学科長が議長を務める。教授会が大規模の場合は、学科会で実質的な審議を行うこともある。大学院については学科会に相当する審議機関として専攻会議が置かれている。
教務委員会	カリキュラム、時間割作成、単位認定、学生による授業評価、各種ガイダンスなどの教務全般に関する企画・検討を行う重要な委員会。一般に事務局の教務系セクションと連携する。
FD委員会	FDに関する企画・立案を行う委員会。FDについては教務委員会が担当することもあるが、経常的な実務を行う教務委員会とは別にFD委員会を設ける大学が増えている。
入試委員会	学士課程の入試、編入試、大学院入試などの企画・統括を行う。入試要項の策定から問題作成、監督、採点、合否判定に至るまで数多くの業務がある。一般に事務局の入試担当セクションと連携する。
評価委員会	学部の自己点検評価や認証評価などに向けた調査や報告書作成を担当する委員会。時限つきで設置される場合もある。一般に事務局の評価担当セクションと連携する。
国際交流委員会	国際交流協定の締結、外国人留学生の募集・受け入れや学生の海外派遣、国際交流事業などを担当する。一般に事務局の国際系セクションと連携する。
広報委員会	ウェブサイトや広報冊子の作成、オープンキャンパスなどを担当する。一般に事務局の広報セクションと連携する。
学生生活委員会	学生生活全般の課題や各種奨学金の支給、授業料免除などを扱う。一般に事務局の学生担当セクションと連携する。
予算委員会	学部の予算・執行・決算を立案する。一般に事務局の財務系セクションと連携する。

ります[5]。

　ここでは学部内の業務を想定して列記していますが、同様に全学レベルの各種委員会も存在します。いずれも、教員間および職員との密な連携と協力が必要となります。このほか、学外の競争的資金を獲得した場合や記念行事などを行う場合、臨時に設けられる委員会もあります。委員会の案件が多いときは、さらに下部組織としてワーキンググループが設けられることもあります。

　学内の委員会業務において重要なことは、知識や知恵およびノウハウの継承、共有、蓄積です。委員会のメンバーは数年おきに交替するのが一般的なので、経験から得た貴重な教訓を継承しにくいという課題があります。委員会の始動が遅いと、処理すべき案件が先送りされて、結果的に仕事量が増大してしまいます。大学教育の長期的な発展には、運営ノウハウの世代間継承は不可欠です。新任教員のときはベテラン教員から学び、ベテラン教員になったときには若手教員に伝えていけるように、各種の運営ノウハウを蓄積しておきましょう。

6. 大学教育でチームワークを機能させるには

　あなたが大学教員になって最初にすべきこと、それは「学内に仲間をたくさんつくり、さまざまな場面で連携や協働を進めること」だといえるでしょう。新任教員が授業を担当する際には、経験不足による不利な点を克服しなければなりません。そのためには、自分の授業が大学全体のなかでどのように位置づけられているかを知り、内外のリソースや人的ネットワークを積極的に活用することが求められます。

　まずは、自分の授業目標が大学のミッションや学部や学科の教育目標にそっているかを調べてみましょう。そして、シラバスに記載した内容が大学の基本ルールと矛盾しないかを確認しておきましょう。授業で困ったときは、①同僚教員に相談する、②学内に授業支援のための専門組織が設置されているかどうかを調べる、③TAを授業のパートナーとして位置づける、④学外の教育支援組織が作成しているハンドブックやウェブを活用する、などの方

法があります。授業以外の場面で学生を支援する場合は、①学内の学生支援施設がどのような支援活動を行っているかを確認する、②教務担当や学生担当の職員と大学教育や学生について意見交換する機会をもつ、③学生や卒業生と連携を図る、などの工夫をするとよいでしょう。

　教員としての経験を積んだら、今度は自分の授業ノウハウを惜しまず同僚に提供し、大学全体の教育力アップに貢献しましょう。学内の委員会業務においても、運営ノウハウを継承し、蓄積し、共有する努力が求められます。大学の運営には教員1人ひとりの参加意識とチームワークが欠かせないのです。

推薦図書

●苅谷剛彦（1992）『アメリカの大学・ニッポンの大学－TA・シラバス・授業評価』玉川大学出版部、2400円
　著者は日本の学校教育における平等性の問題を論じる教育社会学者です。本書では大学教育について自己のアメリカ留学経験をもとに日米比較を行っています。ようやく日本の大学にも普及するに至ったTAやシラバス、授業評価などの制度の源流および本来の目的を知ることができます。

●ダニエル・セイモア（舘昭、森利枝訳）（2000）『大学個性化の戦略－高等教育のTQM』玉川大学出版部、4200円
　経営学の視点から大学組織の特異性について論述しています。高等教育における品質とは何か、それをどのように高めることができるかについて問題提起しています。大学が品質を追求するうえで、すべての大学構成員にプライドをもたせ、優れた大学文化を築くことの重要性を主張しています。

●喜多村和之（2002）『大学は生まれ変われるか－国際化する大学評価のなかで』中央公論新社、680円
　大学を評価することの意味や方法についてさまざまな角度から論じた新書です。大学ランキングの功罪、主要各国における大学評価の仕組みなどは参考になります。著者は、大学評価によって資源配分が行われるようになると政府の関与が強まり、本来の教育・研究の改善という目的よりも、資金獲得が自己目的化することを危惧しています。

注

1）「大学は、当該大学の授業の内容及び方法の改善を図るための組織的な研修及び研究を実施するものとする。」（『大学設置基準』第25条の3）
2）日本では大学に対する認証評価機関としては、大学評価・学位授与機構、大学基準協会、日本高等教育評価機構の3つがあります。
3）担当教員の指示・監督のもとで授業の補助を行う学生のこと。その多くは大学院生である。制度およびその運用方法は大学によって異なる。
4）たとえば愛媛大学教育企画室では、MSF（Midterm Student Feedback）というサービスを行っています。このサービスは、開講している授業の中間段階でセンターのコンサルタントが受講生に対して聞き取りを行い、授業のよい点や改善を希望する点について整理・診断するというものです。コンサルタントは中立的な立場で教員－受講生の間に介入するので、受講生は成績評価への影響を心配することなく、コンサルタントに対して安心して意見を述べることができます。このように、全国の大学教育関連センターでは多様なサービスを教員向けに行っています。
5）大学における学内業務については次のように法的に規定されています。「教授会は、その定めるところにより、教授会に属する職員のうちの一部の者をもつて構成される代議員会、専門委員会等を置くことができる。」（『学校教育法施行規則』第143条）
6）教授会について次のように法的に規定されています。「大学には、重要な事項を審議するため、教授会を置かなければならない。」（『学校教育法』第93条）

（近田　政博）

8章 研究のマネジメント

1. 大学における研究活動とそのシステム

1.1 大学と研究

　日本に大学が創設されたときのモデルは、研究と教育の統合をめざしていたドイツの新しい大学像であったとされています[1]。あたかも、創設当初から研究活動が盛んだったかのようですが、教育設備という名目でしか実験器具1つも購入できなかったなど、実状は少し違います[2]。欧米の大学において研究活動が始められた時期に日本の大学が新たに創設されたために、旧帝国大学を中心に研究重視の風潮が広まりやすかったということなのでしょう。その影響か、日本の大学教員は研究者としてのアイデンティティが強いという調査結果もあります[3]。

　現在の大学における研究はチームで行うスタイルが格段に増え、異なる分野の人たちが協力して行う研究が重視されるようにもなりました。大学評価の導入や公的研究資金の制度改革がなされた現代では、研究の時間を捻出することや研究資金を獲得することも重要な任務です。大学教育を研究といかに統合するかも大きな課題となっていますし、成果の社会への還元が今まで以上に期待されているのも明らかです。

　研究活動が多様に複雑にと変化してきたため、よりよい研究活動を組み立てていく才覚が大学教員に求められています。成果の還元、資金の適正な使用、人材養成、学術の健全な発展など多方面に気を配って、よりよい研究実践を築き、さらに社会に貢献していこうという、壮大な挑戦が待ってい

ます。研究を取り巻くさまざまな環境の変化を読み取りつつも、研究という活動の原点を見失わずにいたいものですし、よりよい研究システムを提案でき、また、そのための人材を育成できる大学教員でありたいものです。

以下では、大学における研究活動の変遷を踏まえ、現代の大学教員に求められている役割や仕事を描像していきます。

1.2 科研費の今昔

研究という活動は今も昔も大学で行われているとはいえ、その様相やシステムはこの100年ほどの間に大きく変貌を遂げました。科学研究費補助金(以下では科研費と略)を例にしましょう。優れた研究計画を選定して国が研究者に直接交付する研究費は、1917年に農商務省による発明奨励費、1918年に文部省による科学研究奨励金が創設されたことで端緒が開かれました[4]。その後、各種制度の新設や統廃合が行われるなか、1939年には科学研究費交付金制度が始まっています。1965年にはこの科学研究費交付金に抜本改革がなされ、現在の科研費制度となりました[5]。科研費となって以降も大型研究や異分野融合の促進などの政策にそって改革が繰り返されており、費目や応募資格、研究計画調書の書式などが毎年のように変更されています[6]。

また、科研費はもともと個人への研究費助成という性格をもっていたため、大学教員個人の銀行口座に研究費が振り込まれていました。しかし現在では、大学において金銭管理も含めた会計全般を取り仕切るようになりました。昨今の研究費不正使用の発覚などもあって、制度改革が行われた結果、受入れ機関として大学が果たすべき役割が重くなってきたのです。現在の科研費は、他の公的な競争的研究資金との制度的な差が少なくなっています。

1.3 研究システムの変遷

日本の大学における研究活動は、経常的研究費と競争的研究費という2本立ての資金体系になっています。といっても戦後しばらくは、経常的に配分される資金によってその大部分が賄われていました[7]。外部資金の総額は少なく、個々のファンディングも小規模だったのです。このような時代には、大学教員は研究を淡々と遂行すればよく、大学における組織的な研究支援と

表 8.1 大学における研究資金の区分

分類	資金源	具体例
自己資金	交付金 授業料、病院収入 寄付金	・基盤的・経常的な教育研究費 ・学内競争的配分経費（※） ・特定部署／研究への重点配分（＊）
外部資金	公的資金	・科学研究費補助金（※） ・公的機関からの受託研究費（＊） ・地方自治体からの受託研究費（＊）
	その他	・民間企業からの奨学寄付金 ・民間企業との共同研究費 ・民間企業からの受託研究費 ・財団法人等による研究助成（※）

（※）研究提案書の審査によって採否が決まる、いわゆる競争的研究資金。
（＊）競争的研究資金を含む。

いっても事務処理が中心でした。

　1980年代には、理工系を中心に研究の大型化が進みます。研究成果を社会経済の発展に活かしたいという政策立案側の思惑とも絡み合い、応用を見据えるなどの大型のファンディングが増強されていきました。1990年代に入ると、研究活動にはさらに大きな変化が生じました。バイオテクノロジー、ナノテクノロジー、脳科学など、大規模で分野横断的な研究分野が台頭してきたのです。これらは基礎研究と実用化研究が隣り合うような分野でもあり、倫理的、社会的、法的問題をはらみやすいことから、文系の研究者をも巻き込むようになりました[8]。このようにしてファンディングはさらに大型化、重点化していったのです。

　大型の資金配分が重視されるということは、大学教員のなかに他の研究者をとりまとめて研究活動を組織していく者が生まれるということです。外部資金を獲得できそうな機会を探し、申請書を作成して事前評価に対応し、リサーチアシスタントなどの雇用も含めた体制を整備し、研究実施に伴う各種手続きを行い、事後報告や評価対応をする、といった研究全体を統括する役割を大学教員が担う時代になったのです。

　欧米の大学では1990年前後から全学的な研究戦略を策定するようになり、重点領域を定めて分野や組織を横断した全学的研究体制を構築する事例が

みられるようになりました[9]。日本でも、2001年のCOEプログラム開始や2004年の国立大学法人化に伴う第三者評価の導入などによって、全学的な研究戦略策定の傾向が強まっています。

このような状況を受け、さまざまな研究グループ間の調整、学内の研究活動の全体総括、若手の指導や産学連携などを含む多様な活動を総合的に推進するためのコーディネーション機能が大学内に必要になってきました。これらのすべてを一般教員が担うことはほぼ不可能であることから、現在では多くの大学で研究企画や研究支援の専門部署が設立されています。

2. 研究者としての大学教員

先に述べたような研究システムの変化は、大学院在学中の人やこれから大学院に進学しようとする人にとっては、昔の話でしかないかもしれません。では、大学教員としての研究活動は、大学院生としての研究活動とどのように異なるのでしょうか。

2.1 自立した研究者になる

大学教員になると、自立した研究者という扱いを受けることになります。大学院生であれば指導教員から指導を受けますし、プロジェクトに雇用された研究員であればリーダーから指示を受けます。しかし、大学教員には指導や指示を与えてくれる人は基本的にいないのです。そのため、読むべき文献を探したり、研究手法を新たに学んだり、研究の方針を定めたり、といった研究のデザインのすべてを自ら行うことになります。

大学教員になるということは、学ぶ側から教える側へと立場を転換させることではなく、教えながらも学び続ける日々が始まることを意味します。研究活動を含めたさまざまな場面で、大学教員になったその日から「何でも知っている」「何でもできる」というように変われはしないからです。自ら学ぶ方法を身につけていることとともに、同僚や、専門分野外の知人の存在が重要になってきます。周囲の人々から多くを学ぶことができ、また、自身が誰かの学びを助けることもあるでしょう。

2.2 研究環境を整える

　研究に必要な環境を自ら整えるという仕事も発生します。まず、研究には何かと資金が必要です。ほとんどの場合において、机や棚やパソコンを入手しなければ、研究が始まらないでしょう。研究室の場所代、水道代、電気代を大学に支払うというシステムを採用している大学もあります。それでなくても、装置や資料の購入と維持管理、施設使用、調査旅行、学会出張、書籍や論文誌の購入などのためには、研究資金を調達することが必要です。

　大学から自動的に配分される研究費は少ないので、たいていは大学内外の競争的研究資金の獲得をめざすことになります（表8.1参照）。国の公的研究開発資金プログラムに応募する場合や、民間財団などの研究助成プログラムを利用する場合があります。分野にもよりますが、企業や行政などと共同研究をするという方法もあります。

　研究資金さえあれば購入したり借用したりできるものばかりではありません。古い文献、大型装置、特別な解析ツールなど、研究に不可欠なもののなかに特殊な資源がある場合には、利用できるようにアクセスを確保しなければなりません。人的ネットワークを通じて借りる、申請して許可を受けるなど、資源へのアクセス方法はさまざまです。

　人を組織することや協働することも必要になります。研究仲間や研究対象となる人々とのコミュニケーションを自ら取り仕切っていくことになります。

　以上のような環境整備をするためにも、大学教員としてのさまざまな活動に折り合いをつけて、研究活動を切り盛りするための時間を捻出することが欠かせません。この点は、大学教員になったときに最も苦労することの1つではないかと思われます。

2.3 研究のスタイルを変える

　前述のように、限られた研究時間で効率よく研究を進められるスタイルを確立することは、大学教員にとって不可欠なことです。

　これに加えて、大学教員になることによって、学生の研究を指導する立場になるという大きな変化があります。グループで行う研究スタイルを採って

いる分野では、大学院生のうちから研究手法の手ほどきをしたり、後輩の相談に乗ったりした経験をもつ人がいるかもしれません。そのような場合、学年が上がるにつれて役割が変化していったことでしょう。大学教員になることはその延長に位置づけられますが、責任の重さは格段に違ってきます。一方、個人ベースの研究スタイルに慣れている人にとっては、ある日を境に指導される立場から指導する立場へと劇的に変わることになります。

　多くの大学教員は、研究室の枠を超えての共同研究が徐々に増えていった経験をもっています。研究の深化とともに研究活動の様式が変化したことが原因ですが、現実的には、競争的研究資金の多くがグループによる研究プロジェクトを助成対象としていることに起因しています。研究室ごとの文化や価値観の相違を踏まえ、より生産的、合理的なスタイルを模索する必要が生じるでしょう。

　このような流れのなかで、異分野融合に挑戦していくことになるかもしれません。知的な興味が重なり合ったところで生まれる異分野融合の場合には、新たな領域として周りから認識されるようになるまでの間は、大学や研究助成機関の理解が得られず困難に直面することがありがちです[10]。ただ最近は、異分野融合型研究を期待する特定の助成プログラムがあるなど状況は改善されてきています。

　何らかの問題解決をめざして関係する分野が寄り集まるという形の異分野融合もあります。この場合には、学術コミュニティの境界を越えて市民団体や行政などと連携していく事例が多くみられます。このような協働における関門は、問題の本質や取り組むべき課題を明らかにする段階にあります[11]。対話によって真の課題を探し出すことが肝要です。

2.4　専門家として活動する

　大学院生の頃は自分の好きな研究だけに携わることが許されがちですが、大学教員などの研究職を得た後は、学会運営や社会への貢献が求められるようにもなります。

　すでに加入している学会、協会などの専門家集団においては、より責任の重い役割をこなすようになっていきます。年会、大会などで、セッションの

司会を担当したり、セッションを企画したりするようになります。大会全体の実行委員になることもあります。また、分科会やワーキンググループなどを立ち上げたり、引き継いだりして、運営に携わることもあるでしょう。そのようななかから新学会設立に向かうこともあります。学会事務局の担当が回ってくることもありますし、さらには評議員や理事といった役職に就くこともあるかもしれません。

学会等の学術論文誌において、査読（専門家として審査、評定を行うこと）を依頼されるようにもなっていきます。学会の推薦を受けるなどして、研究費申請書の審査を担当することもあります。こうなると、自分の好きな研究だけを細く深く追求してばかりもいられません。境界領域も含めて分野全体に目を配り、研究の水準、これから伸びそうな研究領域、実現可能性、といったことを見極めることが必要です。

専門家としての公共的役割を担うことも期待されています。行政から審議会などの委員を委嘱されたり、マスメディアからコメントを求められたりもしますし、自ら社会サービスを行っていくことも必要です。これらの活動は学術研究を担う大学教員には当然求められるものであり、また、その活動のなかで新たな研究課題やこれまでと異なる研究スタイルに取り組む必要が生ずることもままあります。

3. 研究活動のマネジメント

大学教員になると研究活動の様相が大学院生の頃とは異なってくることをみてきました。では、大学教員としての研究活動にはどのようなスキルが求められるのでしょうか。

3.1 研究プロジェクトを統括する

ここでは、研究プロジェクトの各段階で行われる業務をみていきながら、必要となるスキルを概観してみます。大学教員になろうとするときすでに、一生を費やせるような壮大な研究テーマをみつけている人もあるかもしれません。ただ、実際の研究活動は、ファンディングへの応募から終了報告に至

るまでの数年間や、ある問題（リサーチ・クエスチョン）を設定して分析、考察を行い、結果を論文誌に投稿するまでというように、少し小さな「プロジェクト」に切り分けて考えることができます。

　図8.1は、外部資金による研究プロジェクトを例に、段階ごとに必要となる研究管理業務を示したものです。ファンディング機関との連携、プロジェクト内の業務、メンバーのキャリア支援、外部との連携といった多種多様な業務があり、プロジェクト進行段階ごとに少しずつ異なる内容となっていることが読み取れます。こういった業務を研究プロジェクトのリーダーが統括し、プロジェクトメンバー間で分担して進めていくことになります。大型プロジェクトの場合には、研究集会や国際会議の開催などが加わることがあります。資金源にもよりますが、アウトリーチ活動（9章参照）が義務づけられていることもあります。

　研究管理という仕事の内容と流れを理解することは、現代の大学において学術研究を円滑に進める第一歩になります。ただし、これらの仕事すべてを

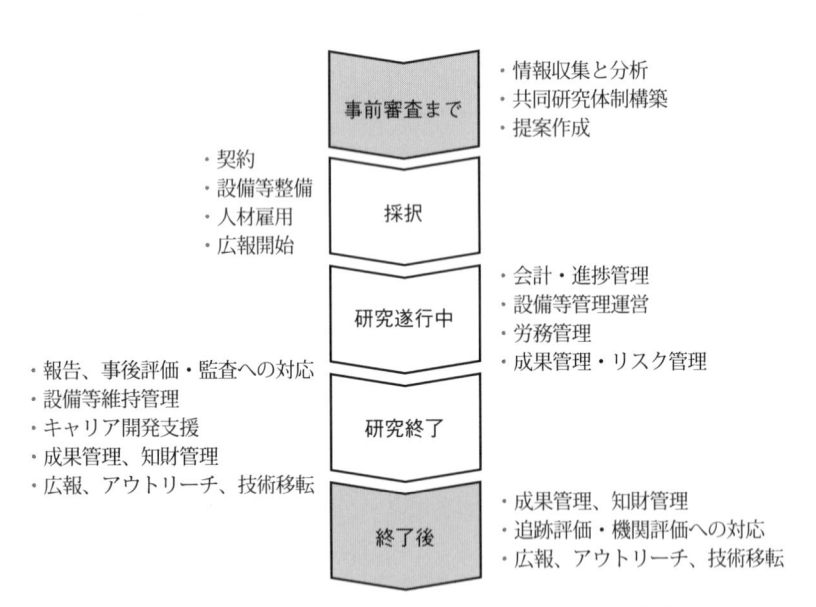

```
                          ┌─────────────┐  ・情報収集と分析
                          │ 事前審査まで │  ・共同研究体制構築
                          └─────────────┘  ・提案作成

    ・契約                ┌─────────────┐
    ・設備等整備           │    採択     │
    ・人材雇用             └─────────────┘
    ・広報開始

                          ┌─────────────┐  ・会計・進捗管理
                          │  研究遂行中  │  ・設備等管理運営
                          └─────────────┘  ・労務管理
                                            ・成果管理・リスク管理

    ・報告、事後評価・監査への対応
    ・設備等維持管理        ┌─────────────┐
    ・キャリア開発支援      │   研究終了  │
    ・成果管理、知財管理    └─────────────┘
    ・広報、アウトリーチ、技術移転

                          ┌─────────────┐  ・成果管理、知財管理
                          │    終了後    │  ・追跡評価・機関評価への対応
                          └─────────────┘  ・広報、アウトリーチ、技術移転
```

図8.1　研究プロジェクトのマネジメント（年間1〜3千万円程度を想定）

教員が担っていこうとしても限界があります。研究マネジメントのみに時間を費やすことができないからです。大学には、産学官連携を扱う部署が整備されてきており、知識移転や知的財産管理の専門的支援が受けられるようになりつつあります。大型プロジェクトでは、広報やアウトリーチを担当するスタッフ[12]を雇い入れているところもあります。

海外の大学には、研究アドミニストレーターという専門職種が登場し、申請書や伝票をファンディング機関へ中継するなどの事務的な研究支援にとどまらず、企画立案や進行管理などの研究の中身に関わる事柄をも扱うようになってきています[13]。大学教員は専門的支援を受けることもできますし、専門家の助言を受けながら小さいプロジェクトを運営することも可能です。競争的研究費に応募する人のためのハンドブックや、実際に採択された申請書の閲覧サービスが提供されていることもあります。

日本でも当該職種の必要性、有用性がようやく認識されてきましたが、育成はまだこれからという状況にあります。それゆえに、大学教員と研究アドミニストレーターとが協力し合い、ともに成長できるように努めることが理想といえます。

3.2 研究室や研究グループを率いる

研究室や研究グループには、さまざまな立場の人が集います。教員、学生、研究員、技師、研究補助者、事務補助者などです。大きいグループになれば、研究コーディネーターや広報担当を置くこともあります。

学生については、研究室に割り振られてくる場合も本人が志望してくる場合もありますが、授業、研究室説明会、学会などで研究室や研究グループの魅力や日常の様子をできるだけ伝え、納得して配属されるような環境をつくりたいところです。一方、研究員や研究補助者などはリーダー（研究室や研究プロジェクトの代表者）にまず採否の決定権があります。だからこそ、採用は慎重に行うべきです。雇える状況にあるから雇うのではなく、必要があってその必要に見合う人材がいるときに雇う、という原則を忘れないようにしましょう。

学生や採用される者にとって、研究室の文化やマナー、ルールを知ること

は、その後の円滑な研究活動のために重要な意味をもちます。配属時のオリエンテーションにおいて、伝えるべき事柄はしっかりと伝えておきたいものです。しかし、がんじがらめの規則で縛って研究に必要な創造性を奪っては意味がありません。研究には挑戦がつきものですし、困難もまたつきまといます。困難を乗り越える術をも生みだせるような創造性と高い志を保っている研究室、研究グループは、誰もがめざすところなのではないでしょうか。

そこで大事なことは、労働、修学の条件が適正であること、個々のメンバーの能力と与えられる仕事内容が釣り合っていること、努力に見合った成果が期待できること、平等かつ公平であること、そして適度な挑戦ができることだとされています[14]。そのためには、個々のメンバーに必要なトレーニングを行い、メンバー全員に分相応の役割を与えることが必要です。研究室やグループ全体としてのまとまりも大切ですし、進捗の確認も不可欠です。そのうえで、研究という活動においては、チームワークと個々のメンバーの自立性、自由度とのバランスを取っていかなくてはならないのです。

研究者自身が考える「よい研究リーダーの要素」には、親切である、支えてくれる、やる気を出させてくれる、マネジメント力がある、効果的にコミュニケーションをとれる、対立や矛盾を解消できる、有益な会合をもてる、よいロールモデルである、よい教育者である、研究を率いるに足る学識がある、などがあります[15]。よいリーダーシップのあり方は一意には定まりませんが、参考にできるところもあるのではないかと思います。

気配りを忘れずに研究室やグループを運営していても、内部で、または外部との関係において、問題が生じることはあります。メンバー間の人間関係や個別メンバーの抱える悩みなど、問題は多様です。問題が小さいうちにみつけて素早く対処するのが基本であり、そのために相応の時間をグループ内で過ごすよう心がけている教員もいます。根本的な解決だけでなく、被害を広がらせない、被害を避けて逃げる、といった対処も場面によっては有効です。もちろん、リーダー1人が逃げるのではなくて、グループとして巧みに問題を避けるという意味です。また、どのような場合であってもプライベートな領域にはむやみに立ち入らないようにします。

3.3 研究成果を公表する

　研究の結果は学術論文としてまとめたときに初めて成果とみなされます。大学教員になろうとすれば、成果、すなわち研究業績の質と量が問われることになります。大学教員を研究業績で評価する風潮は「Publish or perish（発表するか、死するか）」と表現されています。どきりとするような表現ですが、アメリカでは第二次世界大戦以前から大学教員について論じるなかで普通に使われていた言葉なのだそうです[16]。

　この業績主義の傾向は、業績に対する過度のプレッシャーをも生みだしてきました。その結果、発表するほどでもないことを大仰に論文にしてしまう、1つの論文にまとめられる内容を複数の論文として発表する、といった行為に走る人が現れ[17]、なかにはデータの捏造、偽造、盗用などへと道を踏み外す人まで出てきたのです。誰にも読まれない論文、誰の役にも立たない論文の大量生産が繰り返される状況は、学術研究の営みを毀損するものであり、「Publish and perish（発表して死す）」とまでいわれる事態となっています[18]。

　このような状況のなかで大学教員として大切にすべきことは、学術の健全な発展に尽力することに他なりません。自分の成果発表や成果移転を倫理的に行うことはもちろん、指導する学生や研究グループ内のメンバーが抱える業績へのプレッシャーなどにも配慮することが必要となります。さらにグループでの共同研究には、論文著者の問題もついてまわります。誰を共著者にするのか、著者の順序はどうするのか、といった問題です。ときにグループ内の人間関係を損ねる火種になるので、注意が必要です。

　学術の健全な発展のためには、査読のシステムについての心構えも必要でしょう。このシステムには限界があることも確かですが、査読者に指名されたときにはできるかぎりシステムを公正かつ効果的に作動させるよう振る舞うことも大切なことの1つです。

4. 研究マネジメントの予行演習

　大学教員となった暁には、どのように研究をマネジメントすべきか。このことを明示的に教えている大学院は、日本にはごくわずかしかありません。そこで、大学院生でいる間に取り組んでおきたいことは、「研究をマネジメントする」という意識を常にもつようにすることです。1つの研究テーマを深く掘り下げるなかでも、さまざまな場面に遭遇し、経験を積むことができるものです。個人で研究を進めていても、グループで行う研究プロジェクトの一部分を担っていても、大学院生として学位論文を仕上げるまでの「研究プロジェクト」を自らマネジメントした経験は、その後の研究活動の基本となります。ただし、大学院時代の研究テーマに後々までしがみつくために深く掘り下げるのではなく、あくまでも研究活動を発展させていくためであることを、忘れないでおきたいところです。

　まずは自身の研究スケジュールを立て、進捗を管理することから始めましょう。学会報告や論文発表、指導教員や共同研究者への報告、ゼミでの発表などをリストにして、管理を行います。成果一覧を個人のウェブサイトで公開している人もいます。さらに、備品や装置の管理などを任されることがあるかもしれません。安全管理、個人情報保護、人権への配慮といったことも、研究活動には不可欠です。このような細々した作業も含め、タイムマネジメントの意識をもつようにします。優先順位をつけたり、どの作業にどのくらいの時間を割くかを決めたりするのです。

　院生向け、若手研究者向けなどの研究助成に応募してみると、申請書のつくり方や資金の使い方を実体験できるだけでなく、学術研究システムを理解する糸口にもなります。また、研究室や研究グループのメンバーと有効なコミュニケーションを図るよう心がけたり、研究室やグループの壁を越えてネットワークをつくったりすることも、今後の取組みにつながります。社会サービス活動に積極的に参加してみてもよいでしょう。こういった活動は、学術の健全な発展について考える機会としても有効です。

　大学院でデータの集め方や論文の書き方は学んだものの、研究のあり方や

研究マネジメントについては教えてもらうことがなかった、と思ってしまいがちですが、実際のところは学び方次第です。意識して他人の研究マネジメントの在りようを観察してみること、自分のリーダーシップのスタイルや理想とする研究室、研究グループの条件を常々考えておくこと、研究システムや研究に対する社会の期待を知ることなど、今からできることが実は多くあります。

推薦図書

- 酒井邦嘉（2006）『科学者という仕事－独創性はどのように生まれるか』中央公論新社、780円

    脳科学者の手になる書です。アインシュタイン、ニュートン、チョムスキー、朝永振一郎、キュリー夫人といった著名な科学者の文章を引きながら、科学者の仕事にみられる特徴、研究の楽しさと厳しさ、科学者に求められる資質などをまとめています。

- 日本化学会編（2009）『研究室マネジメント入門－人・資金・安全・知財・倫理』丸善、2200円

    近年になって注目されるようになった研究室マネジメントの基本を、5つの要素に分けてわかりやすく解説しています。安全や知財など、研究分野によってはそのまま活用できない部分もありますが、研究室マネジメントの全体像を把握するのに適しています。

- キャシー・バーカー（浜口道成監訳）（2007）『アット・ザ・ヘルム－自分のラボをもつ日のために』メディカルサイエンス・インターナショナル、4800円

    書名の「ヘルム」とは船の舵取り席のことで、本書には研究室を舵取りしていくためのノウハウが数多く詰まっています。研究リーダーから聞き取った体験談が豊富に掲載されており、リアリティがあります。少々値が張りますが、相応の内容といえます。

注

1）ベルリン自由大学の創設へと導いたとされる「フンボルト理念」が日本の帝国大学のモデルでしたが、近年では「フンボルト理念」そのものが後世に形作られたものではないかとされています（潮木守一（2008）『フンボルト理念の終焉？－現代大学の新次元』東信堂、pp. i-xi）。

2）当時のお雇い外国人教師メンデルホールらは教育設備という名目で実験器具を調達していました（飯田益雄（2007）『科研費ヒストリー－科学政策にみる科研費の制度と運営の実際』科学新聞社、p. 28）。また、1911年に日本初となる公的研究助成制度「帝国学士院学術奨励金」、1918年に現在の科学研究費補助金の前身「科学研究奨励金」がそれぞれ創設されていますが、これらは最初の大学創設（1877年東京帝国大学創設）から30年以上後のことです（広重徹（2002）『科学の社会史（上）戦争と科学』岩波書店）。
3）福留東土（2008）「研究と教育の葛藤」有本章編『変貌する日本の大学教授職』玉川大学出版部、pp. 265-268。
4）広重（2002）、pp. 133-134。
5）飯田（2007）、pp. 60-65。
6）たとえば研究計画調書に記入する「エフォート率」は、公的研究資金交付が一部の応募者に過度に集中することを避ける目的で導入されたものです。また、若手研究者への支援を手厚くするという意図で「若手研究」費目への応募年齢の上限が引き上げられたり、着任間もない若手研究者には年2回の応募機会が与えられたりという変更もありました。
7）飯田（2007）、pp. 62-65。
8）倫理的、法的、社会的問題は、Ethical Legal and Societal Implicationsの頭文字をとってELSI（エルシー）と呼ばれています。
9）戦略的融合研究の台頭については以下を参照。小林信一（2004）「戦略的融合研究の登場」『応用物理』第73巻、第8号、pp. 1050-1056。
10）以下において指摘されています。European Union Research Advisory Board (2004) *Interdisciplinarity in Research* および National Academy of Sciences, National Academy of Engineering, and Institute of Medicine (2005) *Facilitating Interdisciplinary Research*, The National Academies Press.
11）たとえば、Pohl, C. and Hadorn, G. (2008) "Core Terms in Transdisciplinary Research"in Hadorn, G., Hoffmann-Riem, H., Biber-Klemm, S., Grossenbacher-Mansuy, W., Joye, D., Pohl, C., Wiesmann, U. and Zemp, E. (eds.) *Handbook of Transdisciplinary Research*, Springer, p. 429など。
12）科学と社会の橋渡しをする「科学コミュニケーター」の養成と活用が日本でも始まっています。
13）SRA Internationalという国際団体のほか、各国にも専門職団体が設立されています。
14）Sapienza, A. (2004) *Managing Scientists: Leadership Strategies in Scientific Research*, (2nd ed.), Wiley-Liss, pp. 37-43.
15）Sapienza (2004), pp. 5-9.
16）山崎茂明（2007）『パブリッシュ・オア・ペリッシュ－科学者の発表倫理』みすず書房、pp. 2-4。
17）前者は「ミートエクステンダー論文」、後者は「サラミ論文」などと称されています。
18）山崎（2007）、pp. 9-12。続けて、「Patent and prosper（特許化して成功する）」と

いう言葉も紹介されています。大学をイノベーションの源泉に、という志向を表現するものです。大学教員が取得した特許がビジネスに活用されれば、社会経済、大学、大学教員本人、いずれにとっても繁栄に結びつくものではあるでしょう。本章では紙幅の都合で割愛しましたが、産学連携は今日の大学における研究活動に欠かせないものとなっています。しかし、商業化する大学については議論があることも知っておくべきでしょう。

（齋藤　芳子）

9章

社会サービスに取り組む

1. 大学の第三の使命

1.1 大学教員による社会サービスとはどのようなものか

　大学教員が学外の人たちとのコミュニケーションを通じて大学にある豊かな知を共有（享受、活用）していく活動は、「社会サービス」と総称されています[1]。このなかには、学問知識を伝えて市民のリテラシーを高める手伝いをしたり、知識移転を図ったり、企業や行政に対して助言を行ったりする活動はもちろん、大学や学問について学外の人たちがもつさまざまな思いを理解することや、大学と社会の望ましい関係について境界を越えて一緒に考えていく活動も含まれます。これらは対象も目的も異なる活動ですが、社会における公共的な利益を追求するものであることから、「社会サービス」と一括されています[2]。

　「……現在においては、大学の社会貢献（地域社会・経済社会・国際社会等、広い意味での社会全体の発展への寄与）の重要性が強調されるようになってきている。当然のことながら、教育や研究それ自体が長期的観点からの社会貢献であるが、近年では、国際協力、公開講座や産学官連携等を通じた、より直接的な貢献も求められるようになっており、こうした社会貢献の役割を、言わば大学の「第三の使命」としてとらえていくべき時代となっているものと考えられる。」

出所：中央教育審議会（2005）『我が国の高等教育の将来像（答申）』[3]。

現代では教育、研究と並ぶ大学の3大機能の1つに数えられる「社会サービス」ですが、大学の機能としては比較的新しいものです。組合としてヨーロッパに誕生した頃の大学は、専門家を養成して社会に送りだすというサービスを除けば、社会への奉仕を表立って求められる存在ではありませんでした。むしろ、「タウンとガウン」といって、大学生と大学街の住民との衝突が日常茶飯事だったなどと伝えられています。

　社会サービスが大学教員の責務とみなされるようになった背景には、大学を取り巻く環境の複合的変化があります。研究活動が大学に取り込まれたこと、税金が大学に投入されるようになったこと、大学がイノベーションの源泉とみなされるようになったこと、大学が資金的自立を求められるようになったこと、生涯学習という理念が登場して大学にも一定の役割が期待されるようになったことなどが重なり合っているのです。このような環境変化を受けて、大学における「社会サービス」のあり方も時代とともに移り変わりながら形づくられ、今では多種多様な活動を包含するものとなりました。

1.2　社会サービスの黎明と変遷

　各種の社会サービスのうち、最も早く大学に取り入れられたと考えられているのは、公開講座の開設です。ごくごく一部のエリートしか大学に入学することのできなかった18世紀初頭に、オックスフォード大学のキールが行った市民一般向けのものが始まりとされています[4]。同様の活動はヨーロッパ各地の大学で起こり、巡回型の公開講座が行われたという記録もあります[5]。その後、一時活動が廃れた国もありましたが、19世紀には再興されて、現在にいたっています。

　時同じく19世紀に、アメリカでは、地域社会に貢献する大学という独自の大学理念が誕生しました。連邦政府の土地を供与された「国有地付与大学[6]」が登場し、地域の農業、工業などの発展に寄与することをミッションとしたのです。それまで高等教育を受ける機会のなかった人々に門戸を開き、地域のニーズに合った教育プログラムを提供することに加え、地域産業に還元することを目的として農学、工学の試験研究を行ったり、大学の学生では

ない地域の人々に職業訓練の機会を提供したりしていました。今でいうところの高等教育へのアクセス拡大、産学連携や地域連携、社会人の継続教育に相当するもので、それぞれの原型とみることができます。

　アメリカにおけるこのような「大学拡張」の動きは、州政府との結びつきも強めながら「大学におけるすべての活動は、社会へのサービスのためにある」という考え方に結晶するとともに[7]、ヨーロッパなどの諸国にも伝搬していきました。「開かれた大学」「社会に貢献する大学」という理念が広く受け入れられたのです。その後、紆余曲折（たとえば1960年代後半に世界各地で同時発生した学生運動においては、大学が国家権力や産業界と結びつくことは強く批判されました[8]）を経つつも、それぞれの活動は現代に引き継がれています。

1.3　社会サービスの類型

　現代の大学教員が行っている社会サービスには、いくつかの形態があります（表9.1、9.2参照）。大学が主体となって開催する公開講座やオープンキャンパスなどは、学内で広報ポスターを見かけたことがあるかもしれません。学校、公民館、博物館などの要請に応じての活動や、新聞雑誌やテレビのようなマスメディアを通じた間接的な情報提供もあります。個々の教員レベルでは、一般向けに本を執筆したり、ウェブサイトを公開したり、といった活動が行われています。以上のような活動は、大学のもつ知を伝えたり、大学という知の生産現場の様子を伝えたりする、知的文化的な意味での社会サービスです。

　これに対し、産学連携は、イノベーションの源泉となることをめざす経済的な社会サービスです。さらに、大学内外の人々が地域社会や特定コミュニティの問題解決に向けて協働する場面が少しずつ増えてきています。

1.4　現代の社会サービス

　多様になった現代の大学教員による社会サービスですが、いずれの場合も「大学にある豊かな知」が源泉です。通常その源泉から直接的にサービスを受けられるのは学術コミュニティと学生であり、行政や企業などは学会発表

表 9.1　社会サービスの類型

知的・文化的サービス	公開講座	大学が主催する市民一般を対象とした講座で、有料、無料、どちらもあります。カルチャーセンターとは異なる、大学らしいテーマ設定や水準、系統性などが求められています。聴衆には、常連や卒業生も、初参加者もいるので、内容構成に工夫が要ります。
	オープンキャンパス	地域の人々に大学のことをよく知ってもらうため、模擬授業や研究室見学などを行います。学生獲得のための宣伝広報として実施されていることが多いようです。なお、類似のイベントである「ホーム・カミング・デー」は卒業生や保護者のための同窓会です。
	社会教育	博物館、科学館、生涯学習センター、市民団体などが、生涯学習として企画する講演会やセミナーに講師として呼ばれることがあります。先方の意図や、参加者の期待するところなどを、事前に把握することが大切です。
	出張講義	小・中・高等学校からの要請に応じて、大学教員が出かけていって講義をします。「出前授業」と呼ぶこともあります。学校側の目的やカリキュラムのなかの位置づけを確認しつつ、大学ならではの内容を織り込めるように準備します。
	執筆	市民一般に向けて刊行される、「教養書籍」とでもいえるものです。特定の研究分野の人に読まれる専門書ではないので、テーマ設定に工夫をする、専門用語を多用しない、ビジュアル面にも配慮する、などが有効です。編集者とよく打ち合わせることも大切です。新聞や雑誌に連載などを依頼されることもあります。
行政的・経済的サービス	産学連携	企業からの受託研究や、学外への知識移転などを行うことです。大学において生み出された知識（研究成果）を学外でも活用できるようにするには、知識に加えて文脈や技能の移転が必要となることもあります。
	コンサルテーション	技術相談や法律相談などに大学教員が応じます。大学として窓口を設置することもあれば、有志によるものもあります。マスメディアなどからは、事件についての解説や、番組や記事の監修を依頼されることがあります。
	行政への助言	行政の審議会やワーキンググループの委員を委嘱され、提言をまとめたり、調査設計・分析を行ったりします。日本学術振興会などの政府系機関からの依頼もあります。なお、行政から受託して実施する研究も、本来は行政へのサービスです。
公共的サービス	サイエンスカフェ	学術的な話題について研究者と市民とが気軽に語りあう場で、敷居の高い印象のある大学や研究所を避けて街中のカフェやバーで催されます。ゲストである研究者から話題提供を行った後に対話を始める形式が主流ですが、途中での質問大歓迎といったフランクさが大切にされています。
	コンセンサス会議 市民陪審	行政の関与のもとで、市民パネルが社会的な意思決定や提言を行うものです。プロセスに専門家による講義の聴講や専門家との対話が組み込まれており、大学教員はその専門家パネリストとして招かれます。日本でも試験的な実施が行われています。
	サイエンスショップ	地域住民や非政府組織がもちこむ問題や要望に応えて、大学教員等の研究者が調査や開発を行い、その成果をサービスとして提供するという活動（組織）です。大学のなかに設置されることも、NPOなどが主宰して大学教員に協力を求めることもあります。

表 9.2 社会サービスの分類軸

実施主体	大学、学内部局、大学教員有志、市民団体、企業、財団等、行政
追求する価値	知的・文化的価値、社会的・経済的価値
対象	個人（市民一般、子ども）、組織（NPO、企業、行政）、集団（地域コミュニティ）
目的	知識の生産、知識の伝達、知識の活用
方法	書く、描く、話す、聞く、見せる、対話する、体験させる、実践する

や論文、特許などを通して限定的ながら大学の知にアクセスできます。そこで、通常は大学の知にアクセスできない一般市民や地域社会にサービスの対象を広げていくこと、行政、企業、非営利組織等がより大学の知にアクセスしやすいようにすることが、社会サービスを行ううえでは重要となります。

このようなアクセスの拡大をアウトリーチといいます。一般にアウトリーチとは、公共的なサービスの提供を受けるべく足を運ぶことが難しい人のために、出張してそのサービスを提供する活動のことです。移動図書館、美術館や博物館の出張展示、訪問介護など、文化や社会福祉に関わるアウトリーチが各地で行われています[9]。ただし、大学のアウトリーチはキャンパスを離れるか否かを主要な課題とはしていません。大学はサービスの対象を広げるという基本的な課題に取り組んでいる段階にあり、敷居の高さを軽減する手段としてキャンパスを離れるという選択肢も考慮されることがあるという状況です。

アウトリーチという言葉は、『平成16年版科学技術白書』において、研究者の社会的責任という文脈で紹介されました。一方向的なサービス提供や情報発信ではなく、対話を重視するというコンセプトを表現するために用いられるようになったものです。通常の広報では見向きもしてくれなかった人々に興味関心をもってもらうためには、相手の置かれた状況や価値観をまず知ることが大切だというわけです。

「今後、科学者等が社会的責任を果たす上で求められるのは、今までの公開講義のような一方的な情報発信ではなく、双方向的なコミュニケーションを実現するアウトリーチ（outreach）活動である。」

> 「特に、科学者等のアウトリーチ活動と言った場合、「研究所・科学館・博物館の外に出て行う単なる出張サービス的な活動ではなく、科学者等のグループの外にいる国民に影響を与える、国民の心を動かす活動」であると認識することが重要である。ただ単に知識や情報を国民に発信するというのではなく、国民との双方向的な対話を通じて、科学者等は国民のニーズを共有するとともに、科学技術に対する国民の疑問や不安を認識する必要がある。一方、このような活動を通じて、国民は科学者等の夢や希望に共感することができる。こうして科学者等と国民が互いに対話しながら信頼を醸成していくことが、アウトリーチ活動の意義であると考えられる。」
>
> 出所：文部科学省（2004）『平成16年版科学技術白書』。

さらに、近年の実践においては、一方的なサービス提供（dissemination）から市民参画（public involvement または public engagement）へという動きが顕著です。町づくりへの市民参加や、製品開発へのユーザー参加などと流れを同じくするものと考えてよいでしょう。コミュニティの問題解決、課題達成のために当事者と専門家が協働するという草の根の活動は、すでに日本各地で行われています。

大学教員による社会サービスとは、大学にある豊かな知を広く社会に知らしめていくにとどまらず、そのなかで新たな課題が発見されたり、知見が生まれたりすることがある活動であり、その実効には対話の充実が欠かせないと考えられています。

2. 市民と交流する

現代の大学教員は、「専門家」として「非専門家」とのコミュニケーションを円滑に濃密に行うことを意識しながら、社会サービスを行っていくことが必要とされます。さらに、専門家の卵である大学院生にも、非専門家とのコミュニケーションに関われる機会が増えています。とくに市民一般を対象とするイベントでは「大先生だと思うと緊張して話しかけづらい」「今更質問するのはどうかと躊躇うような基本的なことも、若い人になら聞きやす

い」などと、大学院生によるコミュニケーションは好評です。以下に挙げるコミュニケーションの工夫[10]を参照して、ぜひ取り組んでみてください。

2.1 伝える工夫

　専門用語だらけの話では相手に内容が伝わりませんが、全く使わずに専門的な話を進めるのも難しいものです。そこで、大事な概念や専門用語は、数を絞ったうえで、丁寧に解説します。とくに、誤解されそうな用語や概念、専門語として使われるときと日常語として使われるときで意味が異なる用語は、注意が必要です。たとえば「利己的遺伝子」を、自分勝手なことをする性格傾向をもたらす遺伝子だと思っている人もいるのです。

　数字の直感的理解を促すには、身近なものに置き換えたり、比喩を適切に使ったりするとよいでしょう。「1ナノメートルは、髪の毛の幅の約10万分の1です」「地球がリンゴの大きさだとすると、大気圏の厚みはその皮ほどもありません」といった具合です。

　ただし学術には、本質的に難しいこと、もしくは複雑なことが多く含まれています。話を単純化したことでかえって誤解を与えてしまわないか、正確さを追求すると話が分からなくなってしまう恐れがないか、よく検討してください。話が込み入ってくるときには、相手が心の準備をできるように一言添えるとよいでしょう。

　全体のストーリーづくりも工夫のしどころです。謎解きミステリー、歴史絵巻、主人公○○の冒険物語、というようにさまざまな物語を仕立てることができます。物語のハイライトはハイライトらしく演出し、締めくくりには終止感をもたせます。相手を長い時間にわたって惹きつけるには、要所要所に小さな驚きをしかける、実物、実演、実話を織り込む、印象的な写真や映像を挟む、といった手法があります。

　ただし、コミュニケーションの内容を研究成果にとどめる必要はありません。どのようなことに興味関心をもって研究を進めているのか、どのような方法で新たな知識が生み出されていくのか、学問の成果が人々の生活や世界観にどのような意味をもっていて今後どのような発展につながるのか。学術研究の世界そのものを発信してみることも大切です。それによって、相手が

学術にどのような期待をもっているのか、知りたいことは何か、問題だと感じていることがあるか、あればそれは何かなどについて、忌憚のない意見を受信しやすくもなります。大学の垣根を低くするような工夫にも検討の価値があります。

2.2 受け止める工夫

講演会やセミナーは一方通行のコミュニケーションだと批判されがちですが、インタラクティブなものにすることは可能です。自分を壇上のパフォーマーと位置づけ、積極的に働きかけることが有効です。「自分がどう見られているか、どう聞かれているか」を自覚することから始めましょう。聴衆が多い場合には、学会発表や授業よりも大げさ気味に、身振り手振りや身のこなしにも気を使って、話の「間」や「呼吸」を演出します。

ディナーショー形式にするとか、床に車座になるとか、講演者が権威的に見えないように会場をしつらえられれば一層効果的です。自由に設営できない場合でも、受付脇で来場者と顔を合わせておく、客席の通路を歩いてみる、などできることがいろいろあります。さらに、参加型授業の秘訣も転用できます。参加者全員に簡単なクイズに答えてもらう、休憩時間に質問カードに記入してもらう、隣り合った人で何がしかの作業をしてもらうなどの行動を伴う参加によって、生の声や反応をひきだし、対話につなげることができます。

2.3 対話の工夫

専門家であるあなたと直接に話せる機会は、相手にとっておそらく大切な時間です。あなたにとっても、市民が科学に対してどのような思いを抱いているかを知る、またとない機会です。互いの立場や価値観を理解しあうことは、協働への第一歩になります。

質問や意見を寄せてくれる、まずはそのことに対して、感謝の意を述べましょう。そして、簡単に内容をまとめ、繰り返します。もし内容を明確に把握できなかったら、適宜解釈して質問者に確認します。その後、回答に入ります。まずは簡潔な答えを述べて、次いで詳しく説明をしていきます。最後

に、回答が適切だったかどうかを質問者（聴衆）に確認します。

　もし自分の専門外の話題になってしまったら、対応する学問分野や研究者名を挙げ、ご自身で参照してもらうとよいでしょう。また、現代の学問成果で明らかな部分とまだ明らかでない部分とは、しっかり区分して話すようにします。学術的成果をもとに答えることが不可能な、価値判断を含む質問などには、そのことを指摘します。

　ときには明らかに文脈をはずした意見が出てくることがあります。たとえば「相対性理論は間違っていますよね」、「血液型が性格に影響するという確かなデータがあります」といったものです。そんなときも、権威による論証や相手の知識不足をあからさまに指摘するような答え方は慎みます。まず「なるほど、そういう考え方もあるのですね」と受け止め、そのうえで、「私はこう思います」と自分の立場をはっきりさせればよいのです。

　実際、相手が間違っているとばかりも限らないことが知られています。ある特定の場所や条件においての経験則は、学術界に身を置く人にとっては意外に感じられるほどに、頑健な知識である場合があるのです。発言の背景や、言外の前提条件などをうまく聞き出すことが大切です。また、相手にとっても、学術界の暗黙の了解事項はみえにくいのだということを気に留めておく必要があります。

　講演会などでは1人とのやりとりに長時間を費やさず、「他の方もいらっしゃるので」などと言って適切なところで切り上げることも大切です。もしあなたが、もっと議論したい、知識を正しく伝えたい、と思ったなら、「この後の休憩時間にお話をしましょう」などと言ってみてください。

3. 企業と連携する

3.1　シーズとニーズ

　産学連携や社会貢献が推奨されるなかで、こんな実用化ができそう、あんなことが社会の期待に添うのでは、と大学教員が想像を膨らませるようになってきました。そのこと自体は悪いことではないのですが、実際には上手

くいかないことや社会が欲していないものを描き出してしまう場合があるのも事実です。その点、企業は、実用化過程の経験が豊富ですし、社会の潜在的ニーズの把握にも明るいものです。想像上の「社会のニーズ」を固めてから連携先企業を探すのではなく、大学教員がもつ「シーズ」を公開し、先方が把握しているニーズと適合するものを選び取ってもらったり、一緒に可能性を探っていったりするほうが望ましいでしょう。そのためには、「シーズ」すなわち大学教員の知的成果を的確に知ってもらうことと対話による合意形成がともに重要になってきます。

知的成果の公開は、学会、シーズの展示会[11]、公開講演会、ウェブサイト、学内広報誌など、多様な機会において可能です。前節に述べたような、成果だけでなくプロセスまでをも含めた紹介、わかりやすい説明、受け手の意図や状況を最大限に汲み取ることなどを意識して、コミュニケーションを図ることが大切です。

3.2 知的財産を有効に活用する

イノベーションの中核機関として大学に期待が寄せられるようになり、研究の成果を論文として発表するだけではなく、特許や実用新案を取得することが奨励されるようになりました。ただし、特許や実用新案は出願時だけでなく、保持するためにもお金がかかるものです。その投資に見合う収益を得られるのは、今のところごく一部の事例でしかありません。「休眠特許」といって活用されていないものが多くあるのです。出願するかしないか、事前によく検討すること、また、休眠特許にしないための工夫が必要です。

一般に大学教員は知的財産の活用には不案内であることが多いものです。特許をもとにロイヤリティ収入を得る方向を追求するのか、自ら新しい企業を立ち上げるほうがよいのか、自分だけで判断できる大学教員はそう多くありません。そこで、出願前はもちろん知的財産権を獲得してからも、学内の専門家に助言をもらうようにするとよいでしょう。学内専門家は多くの場合、「産学官連携」「共同研究」「社会連携」「技術移転」などを冠した部署や研究推進の部署に、コーディネーターとして配されています。

3.3 公共性を実現するために

　社会サービスのなかでも産学連携の取り組みは比較的に多く行われているようです。評価がしやすいこと[12]、大学側に収益が望める場合があることから、大学評価の制度が導入、確立された国、大学の資金的自立が求められている国では、今後ますます取り組まれていくかもしれません。一方で、公的な性格をもつ大学が特定企業と連携することには旧来から批判が繰り返されてきました[13]。公共性をどのように実現するのが望ましいのかについて、広い視野から、または原点に立ち返っての判断を迫られる場面が出てくることと思います。大学とはどのような場所であるべきか、自らの研究はどのように社会に生かされうるか、普段から自身に問いかけ、また関係者と意見交換を続けておくことが推奨されます。

4. 大学教員として社会サービスに取り組む

　ここまで、目的も方法もさまざまな社会サービスの形をみてきました。これらの多様な活動に共通する行動指針は次のようにまとめられます。

- 個々の立場や価値観を尊重する
- コミュニケーションを通じて、問題の所在や共有できる価値をみつける
- 誰もが何らかの専門性をもっていると意識する
- 研究者として責任をもてる範囲を明確にする
- 学術的知見のみでは答えることのできない問題があることを自覚する
- 時間、資金、人手などを有効に使う
- プロセスをできるかぎり可視化して、共有する

　大学教員の職務である教育、研究、社会サービスに優先順位はあるのでしょうか？　教育サービスを提供する組織に雇用された人として大学教員を位置づけるならば、学外へのサービスよりも正課の学生に良質な教育を授けることが優先されるといえそうです。一方で、大学教員は学術界という専門家集団の一員であり、活動の場として大学に所属していると考えることも

できます。専門家としての倫理に基づいて、個別の状況を検討し、より公共性の高い活動を選ぶという方針もありえることになります。

　大学教員としては、あれもこれもやらなければと焦ったり、どちらを優先しようかと迷ったりするよりも、あれやこれやを関連づけて手際よくこなすことをめざすべきでしょう。教育の延長に位置づけられる社会サービスもありますし、地域の問題解決を通じた教育もあります。実学志向で産学連携の盛んな分野もあれば、大学の外に研究対象があって研究と問題解決が同時進行するような研究分野も存在しています。教育、研究、社会サービスという3本柱は決して相対立するものではなく、むしろ境界は曖昧なものなのです。

　今後の課題としては、学外とのコミュニケーション活動を洗練し、持続させていくことが挙げられます。産学連携は別としても、これまでの大学開放やアウトリーチ活動においては、単発のイベントが多く、また数回にわたる公開講座などでも講師はもち回りであって、大学教員側としては継続、持続ということを考える必要を感じにくかったのではないかと思われます。しかし、コミュニケーションにおいて文化的、公共的な意義を追求するためには、何らかのコミュニティを持続させることも必要になってきます。持続の秘訣や、時間経過に伴う変容、変更のあり方などを、これからの実践において探していく必要があります。そのようななかで、コミュニケーションの目的や「参加」の概念は確かなものになり、手法についても洗練されていくことでしょう。

　「専門家」と「非専門家」のコミュニケーションにおいては、どちらか一方の側にだけ成功の鍵があるのではなく、それぞれの努力と双方の協力が必要と考えられます。大学そして大学教員には、市民社会、地域社会に貢献する活動を通じて人材を育成することで、次代の実践者を学内外に輩出していくことが期待されています。

推薦図書

- 北海道大学科学技術コミュニケーター養成ユニット（CoSTEP）編（2007）『はじめよう！科学技術コミュニケーション』ナカニシヤ出版、2000円

　科学コミュニケーションのさまざまな手法、段取りが書かれています。本書において、科学技術コミュニケーターは科学（研究者）と社会（一般市民）を橋渡しする「役割」と定義されています。そのため、研究者が主催できるもの、参画できるもの、いずれも盛り込まれています。

- 西村吉雄（2003）『産学連携―「中央研究所の時代」を超えて』日経ＢＰ社、1800円

　『中央研究所の時代の終焉―研究開発の未来』（日経ＢＰ社、1998）の訳者が、研究開発活動の歴史的変遷を丁寧に記述しています。企業寄りの視点で書かれていますが、だからこそ企業における研究開発の実態を知りたい方にお薦めできます。

- 藤垣裕子、廣野喜幸編（2008）『科学コミュニケーション論』東京大学出版会、3000円

　本書は、増えつつある科学コミュニケーション関連の和書のなかでも、歴史的、理論的記述に比重が置かれています。海外と日本の比較や、科学コミュニケーションのモデルとその変遷などを取り上げ、科学コミュニケーションが政府主導であった日本のもつ「生ぬるさ」への注意を喚起しています。

注

1) 一般には「大学の社会貢献」という用語が使われ、組織としての活動（図書館や博物館の開放など）のほか、大学生や大学教職員によるものがあります。本稿では大学教員が関わる活動に焦点を絞り、「社会サービス」と称しています。
2) 社会サービスについては「教育研究と区別された社会貢献とは何なのか、その表現で当該の事柄が適格に著されているのか」議論の余地があるとされています（舘昭（2006）『原点に立ち返っての大学改革』東信堂、pp. 47-48）。そもそも教育、研究も公共に資する性格のものです。社会サービスとして括られているものは、歴史的には大学の周縁的活動もしくは新規事業が多いのです。
3) この答申の後、2007年に改正された学校教育法には「大学は、その目的を実現するための教育研究を行い、その成果を広く社会に提供することにより、社会の発展に寄与するものとする。」（第83条第2項）が追加されました。
4) 藤垣裕子、廣野喜幸編（2008）『科学コミュニケーション論』東京大学出版会、pp. 48。ジョン・キール（John Keill、1671-1721）は天文学者です。
5) これらの公開講座は大人を対象としたものでしたが、子どもを対象とする科学者の

講義も19世紀までには始まっています。よく知られているのが（大学ではありませんが）英国王立科学研究所において1925年に創始された「クリスマス・レクチャー」です。年1回の開催にもかかわらず生涯に19回も登壇した科学者マイケル・ファラデー（1791-1867）の講演録『ろうそくの科学』は、科学啓蒙書の名著といわれています。

6) 国有地の払い下げを受けて設立された大学のことで、そのほとんどは州立大学です。1862年にモリル法が制定されたことによります。

7) 「キャンパスの境界は、州の境界である」として「大学拡張」を主導したウィスコンシン大学に因み、ウィスコンシン・アイディアと呼ばれています。

8) このとき、オランダにおいては「サイエンスショップ」、アメリカにおいては「CBR（Community Based Research）」という活動形態が学生によって生み出され、現在に至るまで、地域市民の抱える問題解決のための研究と実践が続けられています。

9) 訪問販売や勧誘電話のような営利活動は含まれませんが、サービスの発想としては近いものがあります。

10) 名古屋大学高等教育研究センターによるオンラインガイドブック「研究者のための科学コミュニケーションStarter's Kit」（URL: http://www.cshe.nagoya-u.ac.jp/scicom-kit/）から抜粋し、適宜加筆修正しています。

11) 「テクノフェア」などの名称で大学側が開催しています。

12) 受託研究や共同研究の件数や金額、共同研究員受け入れ数、特許数、共著論文数などの指標が考えられます。

13) 以下のような書籍が刊行されています。デレック・ボック（宮田由紀夫訳）（2004）『商業化する大学』玉川大学出版部。シェルドン・クリムスキー（宮田由紀夫訳）（2006）『産学連携と科学の堕落』海鳴社。

（齋藤　芳子）

10章 国際化のなかの大学教員

1. 大学の国際化は何を意味するのか

　大学はもともと国際的な性格をもつ機関として誕生しました。現代の大学の原型といわれている中世ヨーロッパの大学では、講義は共通語であるラテン語で行われ、学生は国境や民族を超えて、ヨーロッパ各地から集まってきました。大学で学ぶ内容は人類普遍の価値や知識であるとみなされました。それでは今日の日本の大学では、大学本来の国際的な性格と、日本国内あるいは地域社会に貢献するというローカルな性格のどちらが大きな比重を占めているといえるでしょうか。

　本章では、大学の国際化が現場の教員にどのような影響を与えているのか、そして教員はこうした変化にどのように対応すればよいのかについて考えます。言い換えれば、大学の国際化に対して「食わず嫌い」にならず、教員としていかにうまく適応するかということです。大学の国際化には、組織として対応する場合と一教員として対応する場合の両方がありますが、本章では一教員としてどう対応するかという点を中心に紹介します。

1.1　1990年代までの国際化

　日本の大学教育にとって国際化の意味はどのように変化してきたのでしょうか。日本政府が「留学生受入れ10万人計画」をスローガンにしていた1980年代から90年代にかけては、大学教育の国際化とはすなわち外国人留学生の受け入れ拡大を意味しました。

　この時代、留学生に対する対応はもっぱら留学生センターや国際センター、

留学生別科などの専門機関が担当しました。留学生数が増えることは、一般の大学教員や日本人学生にそれほど大きな影響を及ぼすものではありませんでした。英語による授業は短期留学生プログラムなどの特別プログラム内に限られ、一般の授業はほとんど日本語で行われていました。このほか、入学試験から事務手続きもほとんど日本語で行われていました。広報資料やウェブサイトなどの英語情報は限られたものでした。結果的には、日本の大学における外国人留学生数は増加しましたが、日本の大学は依然として日本人学生と日本人教員のためのものという性格が強く残っていました。

この時代の留学生への対応については、「特別扱い」、「出島的対応」などと表現されることがあります。江戸時代に交易相手であるオランダ人を隔離した人工島の名前がわざわざもち出されたのは、留学生を大学内のマイノリティとして隔離し、手厚く保護する代わりに、一般の教職員や学生と接触する機会を制限し、大学本体の改革を最小限に食いとめるという意味が込められています。留学生受け入れのノウハウは「出島」のなかに蓄積されたために、大学本体で共有するには至りませんでした。一方、留学生に求められたのは、日本語に精通するとともに、日本人のマインドやビジネス習慣を理解することでした。この時代における「大学の国際化」では、日本の大学自身をどう改革すべきなのかという視点はそれほど重視されませんでした。

1.2　今日の国際化がもつ意味

21世紀になると、国立大学の法人化、認証評価の義務化などにより、日本の大学にも政府主導のもとに「評価の文化」が一気に押し寄せてきました[1]。また、近年では世界の大学ランキングに注目が集まり、日本の大学に対する評価が国際的にはそれほど高くないことが問題となりました。こうした国際ランキングを算出する際の指標には、外国人教員や留学生の割合が含まれています[2]。日本の大学ではこれらの指標のポイントがかなり低い水準にとどまっており、このことが大学の国際的評価が伸び悩む一因であると指摘されています。

留学生の受け入れについては、2008年に時の福田内閣が「留学生受け入れ30万人計画」を発表し、2020年を目標として留学生数を30万人に拡大

する方針を示しました。これに伴って拠点となる大学に予算が重点配分され（「国際化拠点整備事業：グローバル30」）、これらの大学では留学生の募集、アドミッション、カリキュラム（英語による授業など）、就職支援のあり方などについて全面的な見直しが始まっています[3]。

留学生を30万人に増やすプロセスは、かつてのように大学の国際部門に任せる「出島的対応」では立ちゆかなくなっています。日本の大学が世界に伍していくためには、日本人専用に設計された大学教育のシステム自体を根本から見直し、大学を「世界の共有財産」として位置づけることが求められています[4]。たとえば、シラバスや学生による授業評価のしくみは日本の大学にもほぼ定着しつつあります。成績評価において国際的な通用性の高いGPA制度を導入する大学も急速に増えています。外国のパートナー大学との「ダブル・ディグリー（あるいはジョイント・ディグリー）」プログラムも少数ながら確実に増えつつあります[5]。これらの制度改革は、留学生よりもむしろ大学全体を対象としているところに特徴があります。今日における大学の国際化とは、世界的な大学間競争のなかで自己変革を続けることであると表現できるでしょう。

1.3　大学教員のマインド

ところが、日本では上述したような「大学教育の国際化」に対して現場の大学教員が抵抗感を抱くことも少なくないようです。留学生の受け入れについて、学習および生活上の支援から研究指導に至るまで指導教員にほぼ一任する方式をとってきた日本の大学では、教員の負担感は増大する一方でした。このため、国際的通用性や経営的観点から留学生の受け入れを積極的に進めたい政府や大学執行部と、これ以上の負担増大を避けたい現場の教員や専門スタッフの間に、少なからぬ意識のギャップが存在するようです[6]。

そこで提案ですが、大学教育の国際化を大学あるいはあなた自身の国際的通用性を高める機会だと考え直してみてはいかがでしょうか。大学で起こりつつある変化を、「気が進まないが仕方のないもの」としてネガティブに受け止めるよりも、留学生のみならず、すべての学生にとって「よりよい教育や学習成果をつくり出すためのきっかけ」として、前向きにとらえてみるの

です。大学教育の国際化にうまく適応するスキルを身につけることは、あなた自身の大学教員としてのキャリアを広げることにもつながります。

2. 大学教育の国際化を促進する

まずは教育面における国際化について考えてみましょう。留学生が受講するしないにかかわらず、学生の多様性を認め、学生を1人ひとりの個人として尊重することを受講生全員に伝えましょう。学生を個人として尊重するとは、たとえば人種や宗教などの属性をもとにステレオタイプな見方をしたり、差別したりしないということです。

2.1 留学生の学習を支援する

受講生のなかに留学生がいると知ったとき、あなたがすべきことはいくつかあります。まずは、授業の前後に留学生と話をすることをお勧めします。そして、日本語能力がどのくらいあるのか、ノートやレポートを日本語で書くことに問題がないかを確認してください。それから、あなたの授業で必要とされる基礎知識が十分にあるか、学習環境上の困難があるかを確認してください。もし留学生のレディネス（授業で必要とされる知識やスキル）が不十分な場合は、レポート課題を日本語以外で書くことを認める、日本語の読書課題をやさしいものに差し替えるなどの配慮が必要になるでしょう。

また、留学生の学習観や文化的背景が、日本の大学で一般的と思われているものと大きく異なる場合があります。学習者中心の授業観で育ってきた国からやってきた留学生は、あなたの授業について「詰め込み重視で押しつけがましい」と感じるかもしれません。反対に、教師中心の授業観をもっている留学生は、ディスカッションや学生同士の発表について「手抜きをしている」という不満をもつかもしれません。このため、日本人学生ならばあえて言葉で説明しなくてもすむような授業方針についても、留学生に丁寧に説明することをお勧めします。

2.2　留学生をTAに採用する

　留学生はティーチング・アシスタント（TA）として採用されることもあります。この場合、あなたの大学のTA制度がどのようなものか、あなたの授業におけるTAの役割と業務は何かについて、事前によく話し合っておく必要があります。TAが制度化されている国はたくさんありますが、その役割、責任、報酬は国や大学によって多様です。一般的にいえば、日本のTA制度は授業の補助的業務に限定され、報酬も北米あたりと比較するとかなり低めです。こうした制度上の違いについて、あらかじめ留学生のTAに伝えておくとよいでしょう[7]。

2.3　留学生の指導教員になる

　あなたが留学生の指導教員になった場合は、留学生のいる授業を担当する場合よりもさらに広範な点に留意する必要があります。留学生のためのオリエンテーションや留学生相談の窓口が設置されている大学は多くありますが、留学生が日常的あるいは定期的に接する相談相手はたいてい指導教員に限られます。相談窓口に寄せられた事例をみる限り、留学生は日常生活上のトラブルをいろいろと抱えながら学生生活を送っているようです。こうした日常生活上のトラブルについて、多くの留学生は指導教員に話すことを遠慮してしまうため、指導教員は何が起きているかを知らないまま事態が深刻化するというケースが少なくありません。日常生活上のトラブルとは、宿舎の問題、医療や健康状態、奨学金やアルバイトなどの経済的問題、家族の問題などさまざまです。

　留学生の異文化適応を説明するモデルとしては、「Uカーブ理論」がよく知られています[8]。異文化に接したときは気分も高揚し、すべてが新鮮にみえますが（「初期適応」）、次第に周りの環境に慣れるにつれて孤独感や不適応を起こすようになります（「危機」）。この時期を通り過ぎると、自国の文化と異文化とを相対的に受け止めることができるようになり、「再適応」できるようになるという考え方です。日本国内の日本語学校で学んだ経験のある留学生の場合は、大学での生活に比較的早く適応できるかもしれません。

他方、母国の高校や大学で日本語を学んでから直接日本の大学に入学する場合は、生活面での適応と学習面での適応という問題を同時に抱えるという大変さがあります。

　こうした多岐にわたる問題に指導教員がすべて対応することは不可能です。しかし、自分の学生が順調に留学生活を送っているかを常に気にかけ、定期的に面談をしたり、メールのやりとりで励ますことは可能です。そして、留学生がSOSのサインを出している場合は、指導教員だけで問題を抱え込まずに、すみやかに留学生相談室などの専門組織に相談しましょう。

　留学生が研究室内の人間関係に悩んで孤立するケースもあります。あなたが忙しくて日常的に留学生と接する時間を十分に取れないときは、他の学生にチューターを依頼するという方法もあります。多くの大学では留学生用の学生チューターを制度化しています。チューターを引き受ける学生にとっても、異文化間コミュニケーションを通じて学ぶことが多くあります。チューターは日本人学生とは限りません。留学生のチューターを同じ国から来た別の留学生に依頼するという方法もあります。

2.4　日本人学生を外国に送り出す

　一方で、あなたの周りにいる日本人学生が外国留学に関心をもっている場合もあります。大学教員としては、若いときに異文化体験をすることが人生にとって大きな意味をもつことを伝え、経済的・時間的に可能であれば積極的に外国留学の機会を利用することを勧めるとよいでしょう。あなたに外国留学の経験がある場合は、その経験談を話すのも学生にとっては貴重な情報となるでしょう。外国留学に関する案内は大学内の学務課や国際センターなどで提供されているので、そういったところで最新の情報を確認するように学生に伝えましょう。各大学が実施する海外研修プログラムに加え、さまざまな種類の奨学金の情報などが用意されています。

　日本にやってくる留学生は近隣のアジア諸国・地域（中国、韓国、台湾、東南アジア諸国など）の出身者が大多数ですが、日本人学生の外国留学先としては英語圏を中心とする欧米諸国がこれまで大半を占めてきました。しかし、最近では中国をはじめ、台湾や韓国などの近隣諸国に留学する学生が増

加する傾向にあります[9]。大学における第二外国語の履修状況をみても、近年では中国語が人気を集めているようです。アジア諸国は、外国人留学生の送り出し国・地域としてだけでなく、日本人留学生の受け入れ先としても重要になりつつあります。

2.5　英語で授業を行う

近年、日本の多くの大学では英語による授業の増加をめざしています。留学生用の授業としてだけでなく、国際化を意識して日本人学生の受講も想定しています。これまで日本語で行ってきた授業について、「来年からは英語でお願いしますね」と言われる可能性があるのです。外国の大学や大学院で学んだことのある教員も多いと思いますが、日本の大学において英語で教えることには、また異なる難しさがあります。まして、日本の大学や大学院で学んできた教員にとっては、未知の経験でしょう。こうした状況を想定して筆者らが2008年に制作した『大学教員のための教室英語表現300』では、英語で効果的な授業を行うためのポイントとして次の5点をあげています[10]。

（1）完璧な英語をめざさない

英語には話す人の出身や属性によってさまざまな方言があります。日本人の教員が英語で授業を行う際は、必ずしもネイティブのような発音や完璧な文法で話す必要はありません。受講生も英語圏出身の学生が多いとは限りません。英語を流暢に話すことよりも、話す内容が明晰で充実していることがより重要です。

（2）コースの全体像をしっかり設計する

英語による授業の質を講義部分だけで担保しようとすると、どうしても教員の英語力に依存する割合が大きくなります。英語力に大きく依存せずに授業の水準を確保するには、あらかじめ授業の全体像を設計して、シラバスとして明記しておくのが効果的です。たとえば、授業の目標、課題の内容と方法、成績評価の基準と方法、授業参加におけるルールなどを成文化しておけば、スムーズに授業をすすめることができます。

（3）コミュニケーションの手段を増やす

　口頭の説明だけに頼ると、英語での授業に慣れていない受講生が聞き落とすことがあります。キーワードを板書したり、ボディランゲージを活用するなど、受講生がさまざまなコミュニケーション手段によって授業内容を把握できるように工夫することが重要です。

（4）授業への学生の参加を促す

　あなたがどんなに授業に工夫を凝らしても、学生が積極的に参加しなければ意味がありません。しかし、英語に自信のない学生の受講態度はどうしても消極的になりがちです。教員に質問を投げかけたり、英語で討論することは、学生にとってかなり勇気の要ることです。一方通行の講義ばかりではなく、グループワークや発表など、学生が主体的に授業に参加できるような工夫が必要になります。

（5）学生の多様な英語力に配慮する

　あなたが英語による授業に不安を抱いているように、学生も慣れない英語による授業に戸惑うかもしれません。多くの非英語圏の学生にとっては、英語による授業はより多くの集中力を求められるので、疲労度が大きくなるかもしれません。適度に休憩を挟むなどの配慮が必要になるでしょう。また、学生の英語力が授業内容を理解するのに十分かどうかを最初に確認しておくとよいでしょう。

　このように、英語による授業を成功させるには、英語で話すことだけに頼らず、さまざまな補完的な学習方法やツールをうまく活用することが鍵になります。

3. 国際的な研究活動を展開する

　国際化は教育だけにとどまりません。研究面においても国際的な活動を行う機会は確実に増えています。ここではそのいくつかを紹介します。

3.1 情報発信を英語で行う

　教育や研究の業績一覧をウェブ上に公開する大学教員が増えています。その際に、できれば日本語だけでなく英語版も作成してはいかがでしょうか。海外の大学や研究者と交流する際に大変便利です。留学生があなたのことについて知るうえでも役に立ちます。日本語版と英語版をまったく同じ内容にするのではなく、英語による研究発表やいくつかの代表的な教育・研究成果に絞って英語化するという方法もあります。最初はコンパクトなものを作成し、適宜更新していく方が負担は少なくてすみます[11]。

　大学教員ならば、国際的な学会やシンポジウム等で発表を行う機会もあるでしょう。国際学会では、英語で発表するという点以外にも、日本での学会発表とは異なる点がいくつかあります。一般に、国際学会の場では発表だけでなくディスカッションや意見交換が重視されます[12]。日本人の研究者が英語で発表する際は、資料や原稿を完璧に用意して、それを読み上げるというスタイルが多いようですが、その結果、聴衆の反応が今ひとつだったという経験談をよく耳にします。準備はもちろん必要ですが、よどみない英語で発表することよりも、アイコンタクトや身ぶり手ぶりを使いながら聴衆に積極的にアピールすることが大事です。そして、発表した後に行われる質疑応答やディスカッションをあらかじめ意識し、準備しておきましょう。こうした場面では、参加者相互で議論を楽しむ姿勢が求められます。

　国際学会は自分の研究分野で多くの外国人の知己を得る機会でもあります。出発する前には、英語版の名刺を用意しておくとよいでしょう。

3.2 外国人教員・研究員を招聘する

　近年の日本の大学では、外国語の分野以外においても外国人の教員や研究員を積極的に採用する傾向があります[13]。あなたが受け入れ担当教員となって、あなたの学部や学科に常勤あるいは客員の外国人教員を招聘する場合、歓迎するのはもちろんですが、いくつかの点に留意する必要があります。

　第一に、雇用条件を相手に正確に伝えることです。担当する授業の内容、研究条件、それ以外の管理業務、給与や手当などについて事前に伝え、了解

を取っておきましょう。双方に誤解を生まないように、メール履歴などにやりとりの記録を残しておくとよいでしょう。第二に、着任に伴うさまざまな書類手続きについて事務職員と確認をしておくことです。一般的には、外国人教員を招聘する際には次のような手続きが必要になります。在留資格や日本入国査証などは、招聘する期間や外国人教員の国籍によって必要な手続きが異なるので、個別に調べておく必要があります。

着任前
・候補者の履歴書、教育・研究業績一覧の作成（候補者が作成し受け入れ大学へ送付）
・招聘状の送付（受け入れ大学が発行）
・在留資格認定書の発行手続き（受け入れ大学が代行し、日本国内の入国管理局に申請）
・日本入国査証の発行手続き（本人が本国の日本大使館または総領事館で申請）

着任後（主に数ヵ月以上の長期招聘の場合）
・大学との雇用手続き
・学内機関（図書館、宿舎など）の利用手続き
・外国人登録証明書の発行手続き（最寄りの市役所等で申請）
・租税条約に基づく免税手続き（最寄りの税務署に申請）
・給与振込口座の開設（最寄りの金融機関で申請）

　第三は、外国人教員の疑問や悩みを受け止めることです。文化や習慣が異なる外国で働くということは、かなりのストレスになりえます。家族の問題、職場の組織文化、住環境など、さまざまな問題やトラブルが予想されます。問題の性質に応じた適切な相談相手を、外国人教員に伝えておきましょう。第四は、政治、宗教、性などに関する話題について議論する際には慎重を期す必要があるということです。こうした話題がタブーになっている、あるいは特別な配慮を必要とする国も少なくありません。外国人教員は国の利害を代表として来ている外交官ではありませんので、一個人として接し、尊重することが基本です。

3.3 研究が悪用されないように注意する

　留学生や外国の研究者と交流するのはもちろん望ましいことですが、それによってあなたの研究室から国際的な安全保障に関係の深い技術や情報が流出してしまう危険性があることも事実です。こうした技術や情報が悪用されると、図らずも大量破壊兵器の開発やテロ活動等に荷担することになってしまいます。最先端の研究活動を行う大学には、こうした課題に対応するための管理体制が求められています（これを「安全保障貿易管理」といいます）。多くの大学では、独自の規程を設けたり、ハンドブックを制作して教員に配布したりしています。たとえば、国際的な研究や教育活動を進めるうえで、次のようなケースが発生する場合には留意が必要です。

> ・入国後6ヵ月を経過していない外国人留学生に対して、「外国為替及び外国貿易法」（略称：外為法）が規制している技術を用いて授業や研究指導を行う場合
> ・国内外の非居住者宛てに仕様書、データ、プログラム等を送付する場合[14]
> ・研究に必要な機器や材料等を輸出あるいは国外にもち出す場合

　この問題に関する管理責任者を定めている大学も多いので、このようなケースが発生した場合は、自分だけで判断せずに、どのような処置をとるべきかを学内の責任者と相談するようにしましょう。

3.4 研究休暇制度を活用する

　大学によっては、数年間教員として勤務した後に、数ヵ月から1年の研究休暇制度（サバティカル）を認めているところがあります。常勤職につくと、長期間にわたって外国に滞在することは難しくなりますが、こうした制度を活用すれば外国で研究活動を行うことができます。まずは、あなたの勤務する大学にこうした制度があるか、ある場合はどのような条件が設定されているかを調べてみましょう。次に、採択された場合のことを考えて、研究テーマや研究内容について準備しておきましょう。指導生を抱えている場合

は、研究指導をどう継続するかという問題がありますが、現在では多くの大学教員が電子メールによる研究指導を行っているようです。

4. 国際化から逃げない

　本章では、大学教育の国際化に一教員としてどう対応すべきかについて述べてきました。日本の大学教育を振り返ると、1990年代までは、増加する外国人留学生に対して日本人学生とは別枠の対応（「出島的対応」）をとってきたことにより、大学教育全体の国際化はそれほど進展しませんでした。しかし、今日では世界的な大学間競争のなかで、各大学は学生にとって魅力的な存在となるように自己変革を続けることを求められています。

　一教員としては大学教育の国際化に対して次のような対応が必要でしょう。まず、留学生のいる授業を担当する場合は、彼らが十分な日本語能力を備えているかどうかを事前に確認しましょう。留学生のTAを採用する際は、事前に日本のTA制度について説明し、母国のTAとどのように異なっているかを伝えましょう。あなたが留学生の指導教員となる場合は、留学生は日常の問題について指導教員に話すのを遠慮する傾向があることを理解したうえで、定期的に面談したり、メールでやりとりするなどして彼らを励ましましょう。留学生がSOSのサインを出しているときは、留学生相談などの専門組織に相談するのがよいでしょう。外国留学を希望する日本人学生に対しては、学内の情報窓口（学務課あるいは国際センターなど）で最新の情報を入手するように伝えましょう。英語で授業を行う場合には、英語で話すことだけに依存せず、シラバス、板書、グループワークなど、補完的な学習方法・ツールを積極的に活用しましょう。

　国際的な研究活動を行ううえでも留意すべき点があります。国際学会で発表する際は、発表後に行われる質疑応答やディスカッションをあらかじめ意識しておきましょう。あなたの学部や学科に外国人教員を受け入れる際は、雇用条件を正確に伝えましょう。また、自身の研究活動の将来計画を立てるためにも、自分の大学にサバティカル制度があるかどうかを調べておきましょう。

大学教育の国際化に尻込みしている大学教員は少なくありません。しかし、本章で紹介したいくつかの方法を活用することで、こうした情勢にいくぶんかの心構えができるようになるでしょう。「大学教育の国際化」は一教員としては消極的に受け止めがちですが、うまく活用すれば、あなた自身の大学教員・研究者としてのキャリアを広げることもできるでしょう。

推薦図書

- 潮木守一（2004）『世界の大学危機－新しい大学像を求めて』中央公論新社、780円

　世界の主要国（イギリス、フランス、ドイツ、アメリカ）の大学がそれぞれどのような危機に直面しているかを描き出しています。いずれの国も第二次世界大戦後の経済成長期に、高等教育の規模を拡張し、教育機会の階層差を縮小しようとしました。しかし、その試みはいずれも成功していないことを明らかにしています。

- 中井俊樹編（2008）『大学教員のための教室英語表現300』アルク、2267円

　はじめて英語で授業をすることになった大学教員の不安を和らげてくれる本です。5つの基本セオリー、30の場面別の英語表現、英語版シラバスの書き方、英語の教育関係用語などで構成されています。英語による授業を成功させるには、流暢な英語を話すことよりも、授業設計や教授法を充実させることが重要であると主張しています。

- 山田礼子（2008）『アメリカの学生獲得戦略』玉川大学出版部、3000円

　グローバル化した社会のなかで大学はどのように国際的な通用性を高めていくべきかについて、アメリカ、カナダ、オーストラリアの事例を用いて論じています。とくに、日本の大学が苦手とする外国人留学生の募集戦略、インターネットによる学生獲得方法、同窓会の組織化などについて詳しく紹介しています。

注

1）大学が自らの自己評価結果をもとにして、文部科学大臣の認証を受けた第三者機関から定期的に評価を受けること。詳しくは、7章を参照。
2）たとえば『タイムズ』誌による世界大学ランキングなど。
3）2009年9月に民主党を中心とする鳩山連立政権が発足したことにより、さまざまな大学教育政策が見直しを迫られています。
4）江淵一公（1997）『大学国際化の研究』玉川大学出版部、p. 123。

5）自大学と留学先大学の両方から学位を得ることができる仕組み。
6）黄福涛はカーネギー「大学教授職に関する国際調査」1992年版と2007年版のデータを用い、国際化の実態と国際化に対する意識に関する日本の大学教員の回答結果を分析しています。これによると、研究や教育の活動実態については国際化が進展しているにもかかわらず、国際化に対する教員の意識は必ずしも高まっていません。黄は「日本における国際化の進展が、教員の意識において何かしらのマイナスの影響を及ぼしたのかもしれない」と総括しています（黄福涛（2008）「国際化」有本章編『変貌する日本の大学教授職』玉川大学出版部、pp. 297-311）。
7）留学生のTA活動は、「出入国管理及び難民認定法」により、週あたり28時間の「資格外活動」（いわゆるアルバイト）として扱われています。このため、他のアルバイトとの時間調整が必要になることもあります。
8）Lysgaard, S.（1955）"Adjustment in a Foreign Society : Norwegian Fulbright Grantees Visiting the United States", *International Social Science Bulletin*, 7, pp. 45-51.
9）なかでも、中国で学ぶ日本人留学生数は18,874人に上り、日本人学生の受け入れ国としてはアメリカ合衆国に次いで2位となっています（2005年データ）（文部科学省高等教育局学生支援課（2008）『我が国の留学生制度の概要－受入れ及び派遣』pp. 40-41）。
10）中井俊樹編（2008）『大学教員のための教室英語表現300』アルク、pp. 10-14。
11）英語で情報発信を行う際に留意すべき点があります。たとえばアメリカでは、性別、年齢、生年月日、結婚歴などについては履歴書に記載しないケースが一般的になっています。これは、人事選考などの際に個人の属性によって差別が生じるのを防ぐためであるといわれています。
12）国際学会では親睦を深める趣旨から、さまざまなアトラクション（ディナー、観光ツアー、コンサートなど）が用意されている場合もあります。
13）日本の大学における外国人教員に関する研究としては、たとえば次のようなものがあります。劉振宇（2007）「大学教授市場の国際化」山野井敦徳編『日本の大学教授市場』玉川大学出版部、pp. 263-288。
14）外為法で定める「非居住者」とは、外国に居住する外国人等や、外国籍の者で入国後6ヶ月未満の者、日本国籍の者であっても外国の事務所に勤務する者や2年以上外国に滞在する目的で出国し外国に滞在する者も該当します（経済産業省貿易管理部（2008）『安全保障貿易に係わる機微技術管理ガイダンス（大学・研究機関用）』、p. 41）。

（近田　政博）

11章 大学教員の倫理

1. 倫理の基本を知る

「大学教員の倫理が問われる場面として、あなたはどのようなことを思い浮かべますか？」

このような質問を、名古屋大学高等教育研究センターが開催してきた大学教員準備プログラムのセッション中に投げかけたことがあります。参加者たちの回答は実に多様で、かつ的を射たものでした。そのうちのいくつかを以下に紹介しましょう。あなたの考える倫理と、合致しているでしょうか。

- 教室のなかで特定の学生だけ扱いが異なる
- アカデミック・ハラスメント、パワー・ハラスメント
- 課題提出の遅延への対処法が異なるというような、成績評価の不平等
- 論文著者としての記載や順序についての判断
- データの捏造や偽造
- アイディアや文章などの盗用
- 研究費の不正使用
- 特定企業や行政との癒着
- 研究過程におけるプライバシーや人権の侵害
- 環境汚染

これらに共通する基本原則はどのようなものか、これら以外に大学教員が取り組むべき事項や大切な原則は何か。本章では、そういった事がらを広く考えていきます。

1.1　倫理とは何か

「倫理」は、「道徳」や「規範」などの用語と関連する語で、日常においては多義的に、または曖昧に用いられることがあります。本書では、「よりよい生のための判断において普遍的な拠りどころとなるもの」という意味で使用していきます。一連の模範的行為を受け容れて自然に実行できるか否かが問題とされているのではなく、どのような判断をするかという問題です。

ここで、前述の倫理が問われる場面のリストをもう一度見てください。「相手を尊重する」という考え方が、共通する基本原則となっています。これが「倫理」といわれるものです。ただし、相手は多様です。先の例では、学生、共同研究の相手、同僚専門家、納税者、行政、研究対象などが挙げられています。さらに、何をもって「尊重する」ことになるのかも、相手により、そして状況により、多様になります。

「倫理的に行動する」とは、手本や、べからず集のような一律の決まり事に則って行為することではなく、根本原則を踏まえつつ相手や状況や価値観に応じて柔軟に対応することなのです。いくつかの選択肢があって迷う場面、ジレンマを抱えた場面などにおいて、「倫理的に行動できるか否か」がとくに問われることになりますが、日常は大小さまざまな判断の連続でもあります。判断が倫理的であったかどうかは、多くの場合、判断を実行に移してはじめてみえてくるものです。

1.2　専門的職業倫理

先の「倫理」の定義を援用すると、「大学教員の倫理」とは「大学教員としての職務遂行をよりよいものとするための判断において、普遍的拠りどころとなるもの」です。医師、法曹、技術者などの倫理とならぶ、専門的職業倫理の1つです。職業倫理においてはクライアントとの関係を誠実に構築することに主眼がおかれます。他方で、その職業集団が専門家として社会から特定の権限を認められることと引き換えに、社会に対して何らかの職務上の約束をする「契約」としての意義も指摘されています[1]。したがって、「大学教員の倫理」を考えるには、これまで大学教員が担ってきた役割や大切にし

てきた価値、いま必要とされる機能などを検討することが、不可欠です。

1.3 大学教員とは

　大学はその誕生以来、知識を生産して保存、継承する機能を有してきました。大学教員は知の守人ともいうべき存在です。知識基盤社会といわれる現代において、知識を保有するということは、社会的な意思決定に大きく影響しうる力をもつことになります。大学教員が知識を生み出し、その知識を直接、または卒業生を通じて間接に社会に広め続けるならば、社会の安寧や幸福を維持向上するという道義的責任を伴うことは自ずと理解されるところです[2]。

　いっぽう、日本の大学教員は「自分は教授ではなく研究者であると思いこんでいる」とされています[3]。大学教員の行動のかなりの部分は、教育者としてではなく研究者としての職業意識に基づいているのです。なかでも科学研究者のエートス（気風、精神）は、以下のように整理されています。

> 公有主義：科学は共同体の営みであり、研究の結果はできる限り早い機会に公にされるべきである
> 普遍主義：科学研究への参加は、人種、宗教、国籍、その他の所属にかかわらず、すべての有能な人物に開かれるべきである
> 無私性　：科学者は自らの結果を、受容する側に私的利害が生じないように不偏的に提出すべきである
> 懐疑主義：すべての研究上の主張は、批判的な精査と検証を受けるべきである

注：この4項目のほかに独創性も重視されていることが、同時に指摘されています。
出所：Merton, R. (1973) *The Sociology of Science*, The University of Chicago Press, pp. 268-278より筆者訳。

　これらの「アカデミック・エートス」は、研究者が名声という報酬のみによってキャリアを築いていける社会制度が前提となっています。研究業績がシビアに問われる現実とはそぐわないように思われますが、現在に至るまで多くの研究者の理想となっているとみられています[4]。

　これに対し、大学や公的研究機関が組織化され、個人による研究から集

団による研究へと変容するなかでは、管理運営の側面も重要となるなど、アカデミック・エートスのみに依拠できなくなったことを指摘する人たちも出てきています[5]。さらに一歩踏み込んで、「大学の自治」を標榜する限り、大学の管理運営に参画することは避けられないとする指摘もあります[6]。また、9章でみたように、大学による社会サービスに対する要求も高まっています。

現在では、教育、研究、社会サービスに、管理運営への参画を加えた4領域が、大学教員の仕事と認識されるようになりました[7]。実際の大学教員の日々の活動としては、教育と研究の占める割合が大きいことが知られています（1章図1.2参照）。そこで以下では、教育をめぐる倫理と研究をめぐる倫理を順に取り上げることにします。

2. 教育をめぐる倫理

2.1 教育者の倫理の特殊性

職業倫理は、クライアントとの関係および社会との関係を取り結ぶものだと先に述べました。それによって社会における当該職業の役割を明確にし、職務を円滑に遂行できるようにしているのです。では、教育者の倫理も、教育という営みを支え、社会に根づかせるものといえるのでしょうか。

じつは、教育とは暴力的な行為であり、そもそも人としての倫理に悖る行為であるとする言説もあります。たとえば、学校制度は学校に行かない子どもを悪とみなす社会的な暴力、学校教育は教育プログラムを決めておいて「落ちこぼれ」をつくるシステムだという具合です[8]。そこまで突き込まなくとも、教育は、権威や権力の存在を前提にした「受容者の中に、或る伝統に対する理解及び尊敬の念を教え込む」営みだとはいえるでしょう[9]。

一般的な倫理の議論では人格の尊重が基本にあり、互いの人格を等しく尊重しようとします。ところが教育の場合には、学習者の人格形成を導くのが教授者の役割であり、学習者の意志のすべてが尊重すべき対象となるわけではないところに難しさがあるのです。

本章では、権威や権力の存在を前提にすることの是非はさておき、そのよ

うな形で既に成立している大学教育を少しでも善いものにし、継承していけるような実践のための倫理を考えていきます。

2.2 正統性に留意する

先にも述べたように、教育は教育者と学習者との間の対等でない関係の上に成立しており、教育者の側に場を統括する権限が認められています。しかも多くの場合は教室や研究室という閉ざされた空間で展開されます。権威や権力の濫用が起きやすい状況になっているのです。誰に（クラス内のどのような学生を中心対象にして）教えるのか、何を教えるのか（教えないのか）、学生の逸脱行動をどのように認識し、いかに対応するのか、どのように成績を評価するのか、といった場面はいずれも権力が濫用されうる場面です。教育が内包する権力構造を適正に制御しなければ、学習者や保護者をはじめとする関係者の信頼を失い、教育という営みを揺るがすことにつながります。

この場合の倫理的規準としては、正統性が挙げられます。さらに、この正統性を学習者や関係者に知ってもらうためには透明性を確保することが重要になります。

教育の目標、内容、方法を決定する際の正統性は、①学問上の価値、②大学に対する社会的要請、③学習者の発達段階や関心との適合、によって定まります[10]。学問上の理解を深め、社会の状況やニーズを知り、学生の発達に関する知識をもつ、といった要素別の正統性をまず担保し、これらをバランスよく組み合せていくことになります。教育の効果が最大となるような望ましい働きかけのあり方を追求することや、無意識、無意図のうちに生み出される負の効果に留意することなどが、模範的な実践となります。

公平性を例にしてみましょう。公教育の一部分を司る大学には、学習者に対する公平性が社会的に要請されていると考えられます。また、学習者は公平に扱われるときに学習効果が大きくなるとされています。しかし、学習者個人の状況に見合う内容水準で教授学習が行われるときに学習効果が大きくなるともいいます。このようなジレンマを抱えた状況では、何をもって公平であるとするのか、どのような公平性ならジレンマを解消できるのかについて、状況理解を深めたうえで、合理的に判断することが求められます。

大学教育に携わる者としての正統性を担保する実践も必要です。教育効果を向上させる取り組みを続けることは、その1つです。学問に精進する、善いとわかっていて今できることはすぐに取り入れる、働きかけのバリエーションを増やす、働きかけに習熟する、働きかけを突然やめることのないよう配慮するなど、多数の実践例が挙げられます。そして、これらの実践に矛盾が生じないような倫理性が求められます。

　もちろん大学教員が個人としてできることには限界があります。たとえば、予め作成したシラバスに準拠することによってあなたが担当するクラス内の公平性を保ち、これを学生に配付して透明性を高めることはできますが、ほかの教員が担当するクラスとの間で公平性を保つことはできません。日常的には大学として作成した基準を個々の教員が遵守することが大切です。もし、この基準が何らかのジレンマのもとになっているならば、見直しを提案することが善い実践といえるでしょう。

　自らの実践を評価し、向上にあたるには、同僚、先輩教員とのコミュニケーションが最も有効です。また、日本ではまだ少ないのですが、海外には教育者の倫理性が問われるような事例をまとめた書籍があるので、参考にすることができます[11]。1つの事例に対して、いくつかの対処例が併記されている形式のものをよくみかけることから、マニュアル的な対応には限界があることがうかがえます。

　大学教員には、学生のなかの尊重すべき部分と変容を促すべき部分を精確に、しかも多くの場合は教室で瞬時に、見分けて対応することが要請されています。ここに、教員としての継続的訓練が求められる一因をみることができるでしょう。大学は大学教員の教育能力向上（FD）に努める義務があると法令によって定められましたが、専門職という身分にある大学教員自身の資質向上への取り組みは、外圧の如何によらず大切なことです。

2.3　学生を学びのコミュニティに導く

　「学問的高潔さ（Academic Integrity）」という言葉があります[12]。学問をするにあたって、たとえ困難な場面であっても、誠実、信頼、公正、尊敬、責任の5つの価値に基づいて行動することを指し、これらによって学問とい

う営みが守られています[13]。大学教員だけでなく学生にも適用され、たとえばレポートにおける剽窃や試験時のカンニングの禁止を学生に伝える際に、この学問的高潔さが引き合いに出されます。

　このように教員と学生が同じコンセプトのもとに扱われる背景には、大学が知的ギルドの性格を大切にしてきたという事実があるのでしょう（1章参照）。一般的には、特定の知識、技能、態度を教授者が学習者に受容させる働きかけが教育です。ところが大学は、教員と学生がともに学ぶ場として承継されてきました。「大学の自治」や「学問の自由」は、教員のためだけのものではなく、学生のためのものでもあったのです。学生にも学問的高潔さが求められるのは当然の成り行きだったことでしょう。

　もちろん、大学の性格は時代とともに変化しています。学生がみな、卒業後も大学や学問に近い世界に住み続けるとは限りません。けれども、社会生活のなかでさまざまな知識が生みだされ、また活用されている現代においては、社会に出ていく学生たちが学問的高潔さを身につけていることが以前にも増して重要になってきています。

　大学教員は、このような学問的高潔さを学生に教えていく役割を負っています。小中学校における道徳教育を思い浮かべるとよいかもしれません。道徳は、児童生徒が良識ある市民となるためのものです。道徳性が自然に身につくようにと、学校教師は児童生徒にとって良識ある市民のロールモデルであろうとします。それに対し、学問的高潔さは、学生が「学識ある市民」（望ましい社会を実現するために学識を生かせる市民）となるために必要なものです。大学教員は「学識ある市民」としての生き方を体現することが求められていると考えられます。

　ともに学ぶコミュニティの仲間として、ときには学問の世界における先輩として、大学教員が学問への高潔な態度をもって学生を導くことは、学問の世界における伝統であり、また、教育における権力構造を制御することにも役立つことでしょう。

3. 研究をめぐる倫理

3.1 研究不正と公正研究

　研究遂行については、この数年に、さまざまなガイドライン類が制定されてきました。日本学術会議による「声明　科学者の行動規範について」（2006年）や文部科学省による「研究活動の不正行為への対応のガイドラインについて」（同年）のほか、大学や公的研究機関、学会などがそれぞれに指針や行動規範をとりまとめています。

　それらの文書において多く用いられているのが、「研究不正」という言葉です[14]。研究不正とは、狭義には、論文やデータの捏造（Fabrication）、改竄（Falsification）、盗用（Plagiarism）を指し、英語の頭文字をとってFFPと呼ばれます。このFFPはいずれも、先に述べた「学問的高潔さ」を欠く行為となっており、学術界が築き上げてきた規範に背くものです。

　ただし、FFPについて別の見方をすれば、「嘘をついてはいけない」「他人を自己都合で利用してはいけない」「他人のものを盗んではいけない」などのごく普通の道徳観念の延長にあるものともいえます。「学問の自由」を履き違えたことによって「善き市民としての努め」すらも強調せざるを得ない状況になったのだとしたら、本末転倒です。

　研究倫理に関する議論では、このFFPに加え、研究費の不正使用や、疑わしい研究行為も含めて広義に扱うことがあります[15]。疑わしい研究行為とは、データを拡大解釈する、過剰に装飾された研究提案をする、研究成果を不必要に細切れにして発表することで業績評価の対象となる論文数を水増しするなど、行き過ぎという印象をもたれるような行為を指しています。

　これらは厳密に善悪の線引きをすることが難しいことから、グレーゾーンとも呼ばれます。状況がどちらかというと悪に近ければ、黒に近いグレー、かなり善に近いけれど少し怪しいという状況であれば、限りなく白に近いグレー、というように使われます。

　グレーゾーンの一方の端が黒にあたる「研究不正」だとしたら、もう一方

の端にあたる純白に少しでも近づこうとすること、積極的によりよい研究実践の形をめざすことが正義になります。このような研究活動のあり方は「公正研究」と呼ばれています[16]。

　グレーゾーンに近いものとしては「誤り」がありますが、学術研究コミュニティはこれには寛容です。新しい知見を生むことに価値を置き、そのために試行錯誤をする過程では誤りも当然起こりうると考えるからです。査読というチェックシステムが存在していることもあるでしょうが、何よりも互いの信頼のうえに成り立つコミュニティならではの態度だといえます。

3.2　研究者の倫理

　研究活動の実践において、研究者の倫理に立ち返る必要が生ずるのはどのような場面なのでしょうか。米国科学アカデミーでは、次の9つの領域を挙げています。

・被験者の人権保護　　　・実験動物の取り扱い
・データの取り扱い　　　・著者とその記載順
・公表と査読　　　　　　・共同研究における各種取り決め
・利益相反　　　　　　　・上級者としての指導、助言
・科学者の社会的責任

出所：米国科学アカデミー編（池内了訳）（1996）『科学者をめざす君たちへ―科学者の責任ある行動とは』化学同人。

　これらの領域における「正しい」判断は、研究分野によって異なります。自分の分野の作法をきちんと身につけることはもちろん、異分野の研究者と協働するときの対処のしかたについても考えておかなければいけません。

　とはいえ、分野を超えて共有されている根本原則はあります。たとえば、FFP、先取権、査読システムなどから透けてみえるのは、同僚研究者の尊重です。これに背くことは、学術界が学術研究の発展のために築いてきた価値を損なわせることになります。必ずしも直接に学術成果を減じることにはなりませんが、学術研究という営みやコミュニティの永続性に、黄色信号を点すものだからです。

研究者の倫理の特徴は、学術研究コミュニティ内部の人間関係を重視している点にあるといえます。クライアントとの関係や、社会からの認知を重視する、ほかの多くの専門的職業倫理とは大きく異なっています。この背景には、クライアントが一義的には同僚研究者であったこと、「象牙の塔」とも呼ばれる閉じた世界として学術研究コミュニティが息づいてきたことがあります。

3.3　研究者としての社会的責任

　しかし、学術研究コミュニティはその外部の人々との間に接触の機会を有しています。大学や研究者と社会とが接近していくほどに、その境界で倫理的問題が発生するようにもなりました。税金による研究者の雇用や研究費の供与にみられるような、社会から研究者へと学術研究が負託されている事実は、透明性、自浄作用、社会的責任などを研究者に要求します。

　社会への知的成果の還元も求められていますが、世に出しさえすればそれでよし、というものではありません。原子爆弾や遺伝子操作技術などを転機に、知的成果を転用した結果についての責任もまた問われるようになりましたし、近年は実際に世に出る前の段階における検討が行われるようにもなってきています。このような場合には、研究者集団のなかに閉じられた議論ではなく、さまざまな関係者が集まって合意を生みだしていく「熟議」が必要です。

　常に進歩するという学術の性格から、事が複雑になりジレンマが生じることもあります。たとえば、社会問題となっている事柄についてまだ科学的に決着がついていない場合として、特定地域の水質汚染という事例を考えてみます[17]。現状では水質汚染が確認されていないのに「ある（かもしれない）」と言うことは、研究コミュニティ内部の規範に反し、かつ、対策を徒労に終わらせたり不安を駆り立てたりする恐れがあります。一方、「（現状では）ない」と言ったものの、後になって水質汚染が確認されれば、近隣住民の健康や生活、環境を著しく損ない、いずれ専門家としての社会的責任を問われる事態になるでしょう。

　この場合、研究者が「ある」または「ない」と発言すれば、いずれにして

も過誤を起こすことになります。かといって、沈黙や曖昧な対応も勧奨できるものではありません。

研究者としての社会的責任が問われる場面は多々ありますが、すべてを個々の大学教員等が判断して対処できるとは限らないのです。研究者という職業集団が社会によって認知されることに伴って生じる社会的責任については、その責任を果たせるようなシステムの構築が研究者集団に課せられます。

4. 倫理に関わる課題

4.1　大学の価値を見直す

大学には、外からの視線が注がれています。マスメディアによって、論文データの捏造や改竄、研究費の不正使用、アカデミック・ハラスメントなど、大学教員の倫理性が疑われるような事件が取り上げられているのを目にしたことは、一度や二度ではないでしょう。大学と社会の境界での問題発生は、大学の社会的価値を損ない、大学に対する信頼や支援を失ったり、次代の人材獲得に影響を及ぼしたりするものとして危惧されています。

権力の制御、学問的高潔さ、社会的責任など、本章で取り上げてきた事柄はいずれも、大学を支え、守ることに直接または間接につながっています。大学教員の倫理は、大学内部で築いてきた価値と外部から要請される価値を、ともに具現し、維持するためのものだということです。そのことはまた、倫理が大学教員だけに求められるものではなく、大学にさまざまな形で関与する人々すべてに必要とされるものであることを含意しています。

ただし、価値は不変ではありませんし、多様でもあります。そして白黒はっきりしないグレーゾーンもあります。ですから、マニュアル思考では大学の価値を守ることはできません。ましてや、個人の価値判断にすべてを委ねられる問題でもありません。学術界の内部におけるコミュニケーション、または外部のコミュニティとの交流を通じて、価値を確認していく作業が不可欠です。この作業はまた、大学教員の倫理を自らの活動に制限をかけるだけのものに矮小することなく、学術的活動に携わることを楽しみ、誇りに思

えるようなものとするためにも、必要なことです。

4.2　大学教員の自律性を取り戻す

　職業倫理の要は、知識や権限の独占から派生する権力を自律的に統制し、クライアントのため、公共のために貢献していくことにあります。集団の一員としての自覚のもとに、個人が現場で判断を下すのが基本ですが、個人の責任の範囲を超える問題が生じた際には職業集団全体として方向性を見直すことが必要になります。

　大学教員の場合も、同じことです。「学問の自由」や「大学の自治」の裏には、自律的な「責務」や「倫理」があって然るべきなのです。

　ところが、現状は少し違ってきています。倫理は「〇△大学教職員倫理規定」などの形で明文化され、学問をすることも、社会的責任を果たすことも、すべて規定の内に取り込まれつつあります。規定や綱領の形で倫理を明文化することには、思い込みや自己流を防いで価値観を確認し合えるという意義や、専門家集団が外部に対してその存在価値を表現できるという機能があります。ただし、このような倫理規定は法的制裁の目安になりうるものであり、制裁を受けないことが目標に置き換わってしまう危険をも秘めています。「ルールを守っているから大丈夫」「ルールさえ守っていれば何をしても許される」といった感覚を生んでいる可能性を否定できないのです。

　さらにいえば、既存のルールをただ受け容れるという態度は、大学教員に相応しくないものとみることができます。知識生産に携わる者としての創造性や、社会に問いを発していく際の批判的精神など、学術界に生きる者として大切にしてきた価値を損ないかねないからです。大学教員の倫理に関しては、他律的要素が強まっている現状を意識すること、自らのアイデンティティを再認識することが、今まで以上に必要となっています。

　とくに昨今は、大学改革によって資金的自立を求められるなどさまざまな負担を強いられている大学組織と、大学教員との関係が変化のなかにあります。今後、その関係を整えていく際には、大学の存在意義をどのように捉えて社会にいかにアピールするのか、学術界に身をおく専門家として大学という組織との関係をどのように築き上げるのか、という大学教員の職業倫理の

根幹をなす問題に真っ向から取り組むことになるでしょう。

推薦図書

- **科学倫理検討委員会編（2007）『科学を志す人びとへ－不正を起こさないために』化学同人、1800円**
  科学とは何か、社会における科学の位置づけは、といった前提から説き起こし、どのような研究の実践が求められているのかを述べています。さらに、公正研究のために必要なシステムや教育のあり方にまで内容が及び、最後は実例とQ&Aで締め括られています。さまざまな要素がバランスよく詰め込まれた、読みやすい一冊です。

- **村松秀（2006）『論文捏造』中央公論新社、860円**
  アメリカベル研究所で起きた「史上最大の論文捏造事件」を追ったドキュメンタリーで、著者はNHKの番組ディレクターです。事件を個人の犯した不正としてだけではなく、学術界全体の問題としても描き出しています。丹念に取材されたことをうかがわせつつも、大胆に構成されたストーリーが、魅力の1つです。

- **越智貢編（2005）『岩波応用倫理学講義（6）教育』岩波書店、3400円**
  教育の倫理をテーマとする数少ない和書の1つです。教師のもつ権力についての論考にページが割かれている一方、初等中等教育を主対象としているので道徳教育にも言及があります。この一冊をきっかけに、権力の制御と教育目的の追求、および、学問的高潔さの伝承という、大学教育における倫理の重要な2つのポイントを考えることができます。

注

1) 伊勢田哲治「プロフェッションとしての技術業」黒田光太郎、戸田山和久、伊勢田哲治（2004）『誇り高い技術者になろう－工学倫理のススメ』名古屋大学出版会、pp. 72-78。他にも、専門家集団についての研究書は多数刊行されています。
2) Wilcox, J. and Ebbs, S. (1992) *The Leadership Compass: Values and Ethics in Higher Education*, ASHE-ERIC Higher Education Report No.1, Jossey-Bass.
3) 別府昭郎（2005）『大学教授の職業倫理』東信堂、p. 111。
4) ロバート・K・マートンによる「アカデミック・エートス」はこれまでに数多く引用されています。前提条件についても記述しているものとしては次のものがあります。ジョン・ザイマン（村上陽一郎、川﨑勝、三宅苞訳）（1995）『縛られたプロメテウス－動的定常状態における科学』シュプリンガー・フェアラーク東京、pp. 226-232。
5) ザイマン（1995）、pp. 253-257。

6）大学教員が管理運営のすべてを担うのをやめ、管理運営を専門とするスタッフとの間で分業するという方法もありますが、それでも一定の管理運営業務は大学教員に託されることになると考えられます。
7）別府昭郎（2005）『大学教授の職業倫理』東信堂、pp. 154-156。最近では、アカデミックサービスという概念も生みだされ、学生の教育、学術界への貢献、一般市民との交流などといったサービスを提供する専門家として、統合的に大学教員を再定義することが試みられています（Macfarlane, B. (2007) *The Academic Citizen: The Virtue of Service in University Life*, Routledge.）。
8）加藤尚武（2006）『教育の倫理学（現代社会の倫理を考える7）』丸善、pp. 83-88。
9）寿卓三（越智貢編）（2005）「教育において権威は可能か－教育の規定としての＜倫理＞」『岩波応用倫理学講義（6）教育』岩波書店、p. 101。
10）安彦忠彦（2006）『改訂版教育課程編成論－学校は何を学ぶところか』財団法人放送大学教育振興会。4本目の柱として人間らしさを追求することが挙げられていますが、本書ではこれを社会的要請に含まれるものとして、3本柱としました。
11）たとえば、Macfarlane, B. (2003) *Teaching with Integrity: The Ethics of Higher Education Practice*, Routledge。
12）「知的誠実さ」（たとえば、別府（2005））などと訳されることもあります。
13）デューク大学アカデミック・インテグリティ・センター（1999）による定義に基づいています。
14）英語ではMisconduct of ResearchまたはResearch Misconductと表現されます。
15）研究費は税金投入、企業による投資、財団からの寄付などであるため、「研究費の不正使用」は「研究者の社会的責任」に含めるという考え方もあります。
16）英語ではResponsible Conduct of Research（略してRCR）やResearch Integrityなどと表現されています。
17）事例は以下から転用しています。藤垣裕子（2007）「科学者の社会的責任論の系譜（その2）」『科学技術社会論学会第6回年次研究大会予稿集』科学技術社会論学会第6回年次研究大会実行委員会、pp. 67-70。ここで取り上げた2つの過ちについて、前者は「第1種の過誤」、後者は「第2種の過誤」と称されています。

（齋藤　芳子）

12章 多様な高等教育機関

1. 高等教育機関の多様な実態

　日本の高等教育の実態はきわめて多様です。まず高等教育を行う機関の種類が多様です。同じ種類の機関同士（大学など）であっても、設置者、設置目的、管理・運営形態等はそれぞれの機関によって異なっています。

　大学院生が育った大学は、多くの場合研究大学です。就職する大学が研究大学であれば、出身大学以外であっても自分が長年過ごしてきた環境と基本的に類似しており、大よその事情は理解できます。しかし、実際には最初の就職先は研究大学以外となる場合がほとんどですし、そもそも大学とは限りません。

　研究大学以外の大学、大学以外の機関となると、ほとんどの大学院生にとっては未知の世界です。初めて見たり聞いたりすることばかりで、戸惑うことも少なくありません。

　高等教育機関における多様性は、日本の高等教育のあり方や、そこに所属する教職員の役割や働き方を考えるうえで重要です。この多様性に対して、将来高等教育の教員になろうとする者は、何を知り、どのように行動すればよいのでしょうか。以下では、この問題について考えてみます。

2. 高等教育機関の種類

　日本の高等教育は多様な機関によって担われています。高等教育機関といえば、すぐに大学が思い浮かびますが、高等教育機関イコール大学ではあり

ません。短期大学や高等専門学校も高等教育機関に含まれますし、専門学校などもこれに含む場合があります。各省庁が設置する大学校のなかにも、高等教育レベルの教育を行うものもあります。

2.1 大学

　高等教育機関のなかで最も機関数が多いのは大学です。法律上、大学は「学術の中心として、広く知識を授けるとともに、深く専門の学芸を教授研究し、知的、道徳的及び応用的能力を展開させることを目的とする」（学校教育法第83条）と規定されています。

　大学には大学院を置くことが認められています。大学院の目的は、「学術の理論及び応用を教授研究し、その深奥をきわめ、又は高度の専門性が求められる職業を担うための深い学識及び卓越した能力を培い、文化の進展に寄与すること」（同第99条）とされています。また、大学院の一部として、「学術の理論及び応用を教授研究し、高度の専門性が求められる職業を担うための深い学識及び卓越した能力を培うこと」（同第99条）を目的とする専門職大学院も設置されています。

　機関数、学生数、教職員数は表12.1のとおりです。

表12.1　大学、短期大学、高等専門学校の概要

	大学				短期大学	高等専門学校
	国立	公立	私立	計		
機関数	86	92	595	773	406	64
在学者数	621,788	136,914	2,087,263	2,845,965	160,977	59,386
教員数	61,246	12,402	98,378	172,026	10,130	4,525

出所：文部科学省（2009）『平成21年度学校基本調査速報』より筆者作成。

2.2 短期大学

　短期大学（以下、短大と略す）は修業年限が通常2年ですが、看護短期大学、衛生技術短期大学などのように、修業年限3年の短期大学もあります。大学には学部の下に学科が置かれていますが、短大には直接に学科が置かれています。学科の種類は英文学、日本文学、保育学、教養などの学科が中心

です。1990年以降には、看護学や福祉学に関連する学科を設置する短大も増えました。2005年に「短期大学士」の学位が創設され、短大卒業者に授与されるようになりました。

　短大の法律上の目的は、「深く専門の学芸を教授研究し、職業又は実際生活に必要な能力を育成することを主な目的」（学校教育法第108条）です。

　近年は、高学歴志向や女性の雇用状況の変化等により、短大の存在や教育のあり方が問われており、職業資格取得を通じた職業準備を従来以上に鮮明にしている短大も少なくありません。就職率（卒業者数に対する就職者数等の比率）は69.9％です。卒業後に進学する学生も全体の1割程度います[1]。

　女子学生が圧倒的多数を占めていることも、大学との大きな違いです。さらに、修業年限が短いこともあり、各機関の学生数は全般に小さいことも特徴となっています。その分、教員と学生の距離が小さく、学習支援もていねいに行えるという特徴があります。一方、少ない教職員数で機関運営に要する業務をこなすため、1人当たりの業務量が多くなる面もあります。

2.3　高等専門学校

　高等専門学校（以下、高専と略す）も高等教育機関の1つです。高専は1961年に発足した比較的新しい学校制度で、2009年現在国立55校、公立6校、私立3校の計64校が設置されています。学生数は、合計5.9万人で9割が国立です（女子学生の割合は15.7％）。教員として教授、准教授、助教等が配置されており、合計4525人が本務教員として勤務しています。

　高専の目的は、「深く専門の学芸を教授し、職業に必要な能力を育成すること」（学校教育法第115条）とされ、職業人養成が明確に意識される内容になっています。ほとんどの高専は工業系の学校であり、技術者（エンジニア）の育成を目的としています。

　近年は、卒業後の進路が多様化しており、ほとんどの高専が設置する2年制の専攻科（一定の条件つきで大学評価・学位授与機構が修了者に学士学位を授与）のほか、大学3年次への編入学の道があります。

　学生をめぐる事情、担当する教育活動、学校の雰囲気等は、大学とは大きく異なります。大きな違いは、全体としては高等教育機関として位置づけら

れていても、修業年限5年のうちに後期中等教育の部分を包含していることです。学生の年齢が大学と重なるのは後半2年間です。短大と同様に、設置されているのは学部ではなく学科です。教育では専門教育が重視されるとはいえ、一般教育の比重も小さくありません。また正規の教育課程だけでなく課外活動、クラス担任制度等、大学にはない活動の担当が教員に求められます。

2.4　専門学校

専門学校は、『教育科学白書』（平成20年度）によれば、「我が国の高等教育の多様化・個性化を図る上でも重要な役割」を担っています。専修学校のうち、高校等の卒業者を対象とする専門課程を置く学校を指し、「職業若しくは実際生活に必要な能力を育成し、又は教養の向上を図ること」（学校教育法第124条）を目的としています。

専門学校の学校数は2931校（国立11校、公立200校、私立2720校）、学生数は約58万人です。新規高校卒業者の約15.3％が進学しており、大学（約45.9％）に次ぐ割合となっています。本務教員数は合計36809人（国立92人、公立2750人、私立33967人）、本務職員数は合計16371人です（数値はいずれも2009年現在）。

修業年限2年以上、総授業時数1700時間以上などの要件を満たすと文部科学大臣が認めた学科の修了者には、「専門士」の称号が付与されます。一定要件を満たす専門学校修了者には、大学への編入学が認められています。また、修業年限4年以上総授業時数3400時間以上などの要件を満たす学科の修了者に対し「高度専門士」の称号や大学院への入学資格を付与する制度が、2005年に創設されました。

2.5　その他の高等教育機関

高等教育レベルの教育を行うその他の機関として、各省庁等が設置する大学校があります。大学評価・学位授与機構は、これらのうち大学の学士課程、大学院の修士課程および博士課程に相当する水準の教育を行っていると認定した課程の修了者に、学位を授与しています[2]。またこれに準ずる短期大学校も設置されています。

3. 大学における多様性

3.1 大学の多様化の背景

　高等教育機関のなかで最も規模が大きいのは大学です。大学は、全体としては短期大学や高専と比べて長い歴史をもっていますが、設立の時期や経緯、その後の発展過程は個別大学ごとに大きく異なっています。最も歴史のあるのは旧帝国大学と呼ばれる大学であり、戦前には9大学が設置されました。そのうち国内に設置された7大学が戦後も存続し、それぞれの地域で拠点大学としての性格をもっています。旧制官立大学は、特定の領域の専門家養成を重視して設置された大学であり、商科大学、医科大学、工業大学、文理科大学が設置されました。旧帝国大学が幅広い学問分野をカバーしていたのに対して、旧制官立大学は特定の職業分野の専門家養成を目的としていました。

　以上の大学は第二次世界大戦後に新制大学として再編されましたが、この時期に新たに設置された大学も少なくありません。1970年代以降には、医科大学等の多様な国立大学が設置されました。①文科系単科大学（兵庫教育大学等）、②工科系単科大学（北見工業大学、長岡技術科学大学、豊橋技術科学大学等）、③その他単科大学（図書館情報大学、鹿屋体育大学、九州芸術工科大学等）、④大学院大学（総合研究大学院大学、北陸先端科学技術大学院大学等）です。国立大学のほかに、数多くの私立大学も設置されてきました。

　このような設立の時期や経緯によって、大学の教職員や学生の規模、予算規模などは大きく異なっています。設置者別にみると、大学は大きく国立、公立、私立に分かれます。国立大学は、国立大学法人が設置、運営する大学です。公立大学は地方公共団体が設置するもの、複数の地方公共団体で組織する組合が設置するもの、公立学校法人が設置するものがあります。地方公共団体の設置するものでも、都道府県によるものと市（政令指定都市とそれ以外）によるものというように多様です。私立大学は、学校法人が設置する

大学です。設置者の種類は同じでも、設立時期、規模、設置学部等は大学によって異なっています。

国立大学では、設置学部が1つ（教育学部、工学部、医学部など）だけの単科大学と、複数学部を設置する大学とがあります。複数学部を設置する大学でも、学部数が比較的少数のものから10学部前後と大規模なものまで多様です。たとえば、文部科学省科学技術政策研究所の報告書では、国立大学を以下の9つに分類しています[3]。

① 大規模大学
② 中規模病院有大学
③ 医科大学
④ 中規模病院無大学
⑤ 理工系中心大学
⑥ 文科系中心大学
⑦ 教育大学
⑧ 大学院大学
⑨ 短期大学

3.2 政策的に進められてきた大学多様化

大学をその機能によって分類しようとする提言や動きは、政策レベルで多様に追求されてきました。たとえば、1971年の中央教育審議会（中教審）の答申では、大学、短期大学、高等専門学校、大学院、研究院という高等教育機関の類型化をしました。また、専門的な教養教育（総合領域型）、基礎学術または専門技術の系統的教育（専門体系型）、特定専門職の学理および技術教育（目的専修型）というように大学を3種類の機能別の類型化を提起しました。

比較的近いところでは、中央教育審議会答申「我が国の高等教育の将来像」（2005年）が、主に担う機能という観点から、以下のように大学の種別化を提起しました。

a．世界的研究・教育拠点
b．高度専門職業人養成
c．幅広い職業人養成
d．総合的教養教育
e．特定の専門的分野（芸術、体育等）の教育・研究
f．地域の生涯学習機会の拠点

g．社会貢献機能（地域貢献、産学官連携、国際交流等）

　大学は、設置主体、創設の経緯、その後の発展過程が多様であるため、教育や研究の環境が異なっていること自体は不思議なことではありません。しかし、質の高い教育や研究を実現するためには、たえず環境の整備に努めることが不可欠であり、そのための財政的な裏づけが必要になります。競争によって教育・研究環境の整備の努力を大学に促すことも必要ですが、競争を成立させるためには、環境整備が不十分な大学を中心に財政的な補助を十分行うことが必要です。しかし、過去の政策では、格差を解消あるいは少なくとも縮小させる方向が追求されてきたとはいい難い状況にあります。むしろ、実態としてはその逆になっている可能性があります。

3.3　教員の教育・研究条件や勤務条件

　近年、政府による大学への補助金が削減されるなかで、いわゆる外部資金を獲得することが、どの大学にとっても重要な課題になっています。外部資金を獲得できるか、どのくらい獲得できるかが、大学全体の運営を大きく左右します。獲得状況は、大学によって大きく異なっています。

　設置者別の大学等の研究者1人当たりの年間研究費をみると、国立（2132万円）、公立（1413万円）、私立（1797万円）となっています[4]。国立と公立の間に少なからぬ格差がみられます。専攻領域によってもみられるため、大学がどのような学部等を設置するかによって大学間で格差が現れます。同じ国公私立大学同士の間でもみられます。科研費の取得状況も、大学によって大きな格差が存在します。

　教員の担当講義時間数も、大学により異なります。教員1人当たりの担当講義時間数の上限を設定している大学もあります。ただし、実態は必ずしも規定どおりではなく、上限を超えて講義を担当する場合も決して少なくありません（その場合、手当が支給されることもあります）。同じ大学内部でも、学部や職階（教授や准教授等）により担当授業時間数が異なる場合もしばしばです。

3.4　私立大学の学生募集における規模別の差異

　少子化のなかで18歳人口が減少しており、学生確保はどの大学にとっても死活的に重要な課題です。しかし、学生の募集状況は大学の設置者、規模、所在地等の条件によって異なります。一般的には、国立大学は授業料が相対的に低廉であるために、私立大学と比べれば有利な状況にあります。私立大学のなかでは、大規模校が相対的に有利な状況にあります。とくに大都市やその近郊にある大規模校は、その他と比較して一般に有利な環境にあります。

　日本私立学校振興・共催事業団の私立経営情報センターの調査によれば、規模別の志願倍率、入学定員充足率は、学生定員800人を境に、志願倍率と入学定員充足が大きく異なっています[5]。

4.　大学における教育条件の格差

4.1　学生の学力問題

　学生の学力には、大学によって差異がみられます。2008年7月に読売新聞が発表したアンケート結果をもとに、この状況をみてみましょう（図

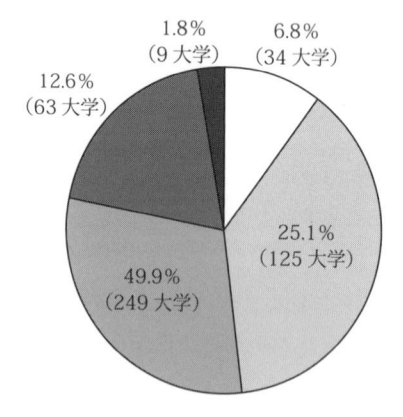

1.8%（9大学）
6.8%（34大学）
12.6%（63大学）
25.1%（125大学）
49.9%（249大学）

□ 学力は十分。学士課程の教育を始めるにあたって特別の配慮や施策は不要。
□ 学力は普通。多少の配慮が必要。
■ 学力にはばらつきがある。具体的な施策が必要。
■ 学力は全体的にやや不十分。基礎的な力を改めて習得させるなどの具体的な施策が不可欠。
■ 学力はかなり不十分。高校で修得すべきだった事柄を教育するために、非常に多くの時間と費用を投入することが不可欠。

図12.1　学生の入学時の学力レベル

出所：読売新聞社教育取材班（2009）『大学の実力―教育ルネサンス』中央公論新社、p. 325 から筆者作成。

12.1）。学生入学時の学力レベルでは、約9割が何らかの学習支援の必要性を感じています。この調査では各大学が認識している学生の入学時の学力レベルを、5段階で聞いています。

このような学生の学力のばらつきは、大学間だけでなく、同一大学内でも顕著になっています。入試方法が多様化していることが、その背景にあります。近年は、学生同士の交流による視野の拡大や大学全体の活力向上等を目的に、多様なプロフィールをもつ学生の募集を各大学とも重視しています。そのために、入試方法を多様化し、従来型の学力重視の入試方法だけでなく、推薦入学やAO入試等を積極的に導入しています。後者では学力検査を課していない場合も少なくないため、大学教育に必要な学力を獲得していない学生が入学する可能性があります。これらの学生には、大学入学後にしかるべき指導を行うことが必要になっています。

4.2　教員1人あたり学生数

教員1人あたりの担当学生数は、大学によってかなりの差異があります。担当学生数が少ないからといって、必ずしもその大学がよい教育や学習支援を行っているわけではありません。しかし、それを行いやすくなることは確かです。一般に、医科系の大学は教員1人あたりの学生数が少なくなっています。医科大学を除く主要な国立および私立大学に限定してみると、旧帝大系の大学が相対的に恵まれた条件にあります。

4.3　教育条件の格差をカバーする大学改革の取り組み

教育や研究の条件は大学によって少なからぬ格差がありますが、それに甘んじず、質の高い教育を実現しようとする大学は少なくありません。これらの大学では、自校の置かれた客観的状況（学生の学力や勉学意欲、提供できる教育環境等）や学生のプロフィールやニーズなどを正確に分析し認識するとともに、所有する資源を最大限に活用して不利な条件をカバーすべく努力しています。特徴ある学科等の設置、教育カリキュラムの提供、入学前後の補習など手厚い指導と支援の実施、教員の授業改善等の工夫などです。このような改革に取り組んでいる機関は大学、短大、高専を問わず、また国公私

立という設置形態を問わず多く存在します。

このような取り組みを行政の立場から支援するために、文部科学省は各種の支援プログラムを実施しています[6]。

5. 多様な実態にいかに対処するか

5.1 業務の種類の多様性

以上にみてきたように、日本の高等教育機関、大学の実態は、きわめて多様です。そこで教員として働くうえでの条件は、少なくとも当面は均等化の方向ではなく、多様化の方向をたどる可能性があります。

教育や研究の条件やその他の勤務条件の面だけでなく、大学の職場環境や文化・雰囲気という点も無視できません。理事会、とくに理事長の権限の強い大学もあれば、教授会の権限が強い大学もあります。両者では職場の環境はかなり異なっているはずです。さらに、大学教員同士や職員同士の人間関係、職員や学生との関係なども、大学によってきわめて多様です。

学内各種業務への教員の関与や分担についても、大学によって大きな差異があります。かつては教員の仕事と職員の仕事の区別がある程度明確に設定されていましたが、最近では両者の区分が不明確な仕事が増える傾向にあります。高大接続に関連する諸活動や学生勧誘、入試関連の業務、カリキュラム編成に伴う各種業務、学生の履修相談、キャリア形成支援、さらには大学のマネジメント関連業務などの仕事がそれにあたります。それらに教員が従事する傾向は、多くの大学に共通しています。加えて、比較的小規模な大学では、教員と職員が協力して担当せざるを得ず、結果的に担当する職務が増えることもあり得ます。

さらに留意すべきは、担当する科目も自分の専門に関するものばかりとは限らないことです。学問の発展や大学や学部の方針等により開講科目の構成が変更されること、自分の本来の専門とは異なる科目を担当することは少なくありません。そのことは、自分が学んだ学部と同一名称の学部に就職した場合でも同様ですが、異なる名称の学部に就職した場合にはさらに顕著です。

そもそも、どのような大学・学部でも、担当科目のすべてが自分の専門と合致しているという場合は、少ないはずです。専門から多少離れている科目の場合には、専門が近接している科目以上に周到な準備を要することはいうまでもないでしょう。

5.2 教員になる前に理解しておくべきこと

このような大学間の多様な実態に対して、これから教員になろうとする人はどのように対処すればよいのでしょうか。

①教員人事に応募する際に、大学の状況を十分に調査する

大学の教育や研究の条件、財務状況、管理・運営の状況等は大学によりきわめて多様です。それらは就職後の職場での勤務状況に大きく影響します。そのため、多様な方法を用いて事前に情報を得ること、情報を分析して就職後に安心して勤務できるかどうかを見極めることが重要です。周囲の関係者や信頼できる人に相談することも不可欠です。

各大学の教育・研究条件等の概要は、大学が公表する各種のデータ、たとえば、「点検・評価報告書」「大学基礎データ」などにより把握することができます。財務情報なども、ほとんどの大学がインターネットや広報誌を通じて公表しています。これらのデータを他大学と比較することにより、当該大学の置かれた相対的位置を知ることができます。

②どの職場でも克服すべき問題はあることを知る

外部の人間にはいかに理想的にみえる大学であっても、職場である以上多少なりとも問題を抱えています。しかもそれらの問題の多くは、どの大学にも共通するものです。その問題は大学を改善するために不可欠の課題であること、そこから逃れることはできず覚悟を決めて対処するしかないことを、まず理解する必要があります。

③問題への対処を通じて、大学教員としての力量を高める

個別大学の問題とみえるものを含めて、多くの問題がどの大学にも共通するのである以上、この問題にきちんと取り組むことは、大学教員としての基本的力量を形成し、みずからを成長させることにつながります。この点に関しては、職場のなかに信頼できる仲間を見いだすこと、他大学に同様の問題

意識をもつ教員を見いだすこと、彼らと日常的に情報を交換したり共同で事態改善にあたることが、力量形成に役立ちます。

6. 専門職としての力量形成

　本章でみたように、日本の大学の実態はきわめて多様です。大学の性格や規模などにより状況が似ていることはあっても、同じということはまずありません。大学の機能別分化を促進する政策動向を考慮すれば、今後多様性が拡大することも予想されます。これから大学教員になろうとする者にとって、この現実にどう立ち向かうかは大きな課題です。

　所属する大学や学部の実情は大きく変わるとはいえ、大学教員として求められる仕事の多くは共通しています。教育と研究、大学運営に関する業務、社会サービスです。これらの職責を果たすための基本的力量を身につけることが大前提であり、そのための努力がまず求められます。そのうえで、大学教員が学生をはじめ社会一般との関係で重い責任を負っていること、専門職としていかに生きるかについて考察を絶えず深めることが重要です。

推薦図書

- 寺崎昌男（2007）『大学改革その先を読む』東信堂、1300円
  高等教育研究者として大学改革の理論的構築とともに複数大学での実践に取り組んできた著者による大学教育論。大学教員として、複雑化する今日の大学教育、その改革にいかに取り組むべきかを理解するうえで参考になります。
- 読売新聞社教育取材班（2009）『大学の実力－教育ルネサンス』中央公論新社、2000円
  読売新聞の連載記事や2008年に同社が実施した「大学の実力」調査を中心に展開している。困難な状況のなかでも、各大学が教育の質向上のために必死で努力している姿を描いています。
- 島田次郎（2007）『日本の大学総長制』中央大学出版部、2300円
  国立大学と私立大学の総長や学長の地位と権限について、歴史的な経緯をふまえて詳述しています。大学の管理・運営のあり方や執行部の権限等、国立大学と

私立大学の差異と特徴について理解できます。

注

1）文部科学省（2008）『学校基本調査報告書』。
2）大学校のなかには、職員の研修機関となっているものもあり、すべてが高等教育機関としての性格をもっているわけではありません。大学評価・学位授与機構が認定している大学校としては、防衛大学校、防衛医科大学校、気象大学校等7校があります。
3）国立短期大学は2005年の4年制大学統合に伴い、現在有効な分類は8つ。たとえば、大規模大学は「学生収容定員1万人以上、学部等数概ね10学部以上の国立大学法人」とされています。
4）文部科学省（2005）『平成17年版科学技術白書』、p. 122。
5）日本私立学校振興・共済事業団、私学経営情報センター（2008）『平成20年度私立大学・短期大学等入学志願動向』、p. 5。
6）文部科学省の「大学教育・学生支援推進事業」は、各大学、短大、高専の学士力の確保や教育力向上のための取り組みを促進するために、達成目標を明確にした効果が見込まれる取り組みを選定し、広く社会に情報提供すること等を目的としています。

（夏目　達也）

13章

大学教員のライフコース

1. 大学教員になるまでのプロセス

　大学院生にとって大学教員は日常的に接する身近な存在です。しかし、意外に知らない側面もあるようです。ここでは、大学教員の多様な仕事に着目しつつ、仕事を軸にどのような人生が展開するのかを、多様な調査統計や先行研究をふまえつつ、また筆者の体験を一部交えつつ、素描します。

1.1　教員の一般的な採用プロセス

　多くの大学が教員採用に関する選考要項を定めており、この規則に従って教員の採用手続きを進めています。規則の具体的な内容や手続きは大学により異なりますが、一般的には以下のように進められます。

> ①教授会において、新規教員採用を審議・決定する。採用候補者の選定等の作業を行う委員会（以下、人事選考委員会と略）を設置する。
> ②人事選考委員会で、募集に関する詳細（募集人員、職位、応募条件、採用形態（任期付かどうか）等を審議・決定する。
> ③公募手続きを進める（独立行政法人科学技術振興機構の「研究者人材データベース」への登録、関係諸機関への公募書類の送付など）。
> ④応募者について審査を行う。多くの場合、数次の審査を行う。第1次審査では書類選考を行う。第1次審査で合格した複数の候補者について、第2次以降の審査を行う。多くの場合、最終審査までに面接を行う。
> ⑤人事選考委員会は決定した採用候補者について教授会に報告する。教授会は、報告に基づき候補者の適格性について審査する。
> ⑥教授会の審議（複数回になる場合もある）を経て、採用を決定する。

このプロセスには多くの大学に共通する面が多いのですが、候補者のどの側面を重視するかは、大学全体の基本方針や採用する部局の方針などにより異なります。研究大学であれば、研究に関する能力や業績が最重要項目として審査されます。教育を重視する大学であれば、研究能力・業績以上に、教育能力や教育実績が重視される場合があります。教育重視の大学でなくても、面接の際に模擬授業を行う大学が増えています。また、どの職場でも集団の一員としての行動が求められるため、集団への適応力や他者との対話能力なども問われます。

1.2 教員の採用状況

大学に新たに採用される教員の採用前の状況を、文部科学省の学校教員統計調査からみてみましょう。

表13.1 採用前の状況別採用教員構成

(単位：％)

	新規学卒者		新規学卒者以外					
	自校出身	他校出身	官公庁	民間企業	自営	研究所等	高校等	その他
1988年	12.6	7.2	16.8	17.9	0.6	--	2.0	42.8
2007年	9.0	5.4	9.2	14.9	1.7	10.9	3.2	45.6

注：上段の数値は1988年度調査の数値、下段の数値は2007年度調査の数値。
「研究所等」には大学共同利用機関を含む。
出所：文部科学省（2009）『平成19年度学校教員統計調査報告書』、p.207。

これによると、2007年では新規に採用された教員のうち、新規学校卒業者の占める割合（自校出身・他校出身の計）は15％程度です。ほとんどは新規学卒者以外の人です。なかでも「その他」の出身が多くを占めています。大学院から直接に大学教員として就職することは、実際には相当にハードルが高いことがわかります。まず、任期付研究員や非常勤講師等のポストに就いて、研究環境を整えて研究成果をあげていくことになります。

研究所等、民間企業、官公庁からの転入者も多くいることが注目されます。このことは、大学教員のリクルート源が多様であること、大学以外の機関にいったん就職したからといって大学教員への道が閉ざされるわけではないことを示しています。大学以外の機関でも研究環境がある程度整備されていれ

ば、研究成果をあげるなどしてチャンスを待って、教員公募にチャレンジすることもできます。回り道にはなりますが、まず大学教員以外の職に就くことも、1つの選択肢になりえます。

　大学教員としての採用にあたって留意すべき点の1つは、年齢の問題です。2007年度調査で、大学学部（大学院を除く）の採用者（7327人）の年齢構成をみると、最も割合の高い年齢区分は「30歳以上35歳未満」（28.9％）で、次いで「25歳以上30歳未満」（19.1％）の順となっています。両者で48％と全体の約半数を占めています。短大でもこの順位は同じです。大学院では、「30歳以上35歳未満」（31.7％）に次いで「35歳以上40歳未満」（21.2％）が多いですが、「25歳以上30歳未満」も18.7％であり、35歳未満で50％を超えています。大学教員としての就職に関しては、35歳が1つのピークになっていることがわかります。つまり、大学教員として最初に就職するためには、35歳までにある程度のめどをたてることが重要です。

1.3　研究者としてのサバイバル

　しかし、現実には35歳までに就職することは容易ではありません。35歳どころか40歳になっても就職できないケースは実際に多く、その傾向は今後さらに顕著になることも予想されます。いうまでもなく、大学教員のポスト数に比して志望者が多いことが原因です。

　これは、政府の大学院生の増加策による影響が大きいといえます。政府は、諸外国と比較して日本の大学院の規模が小さいとして、その拡大を図ってきました。臨時教育審議会は、1986年の第二次答申で、大学院の拡充を緊急課題に位置づけさまざまな提言を行いました。これを受けて当時の文部省は大学院の整備拡充に乗り出しました。主要な国立大学を、大学院主体の組織に改めるいわゆる大学院重点化政策もその一環です。その結果、大学院生そして博士学位取得者の数が増えました。1991年から2000年までの9年間で大学院在学者数は9万8650人から20万5311人へと倍増しました（2008年26.3万人）。博士学位取得者数は、1991年の1万885人から2005年1万7396人へと7割増加しました。

　一方、大学教員のポストは、大学院生や博士学位取得者ほどには増えてい

ません。大学教員数は1990年の12.4万人から2007年の16.8万人と、4割弱の伸びにとどまっています。博士学位の全員が大学教員志望ではないにしても、大学教員をめぐる需要と供給のバランスは大きく崩れており、数少ないポストをめぐって厳しい競争をくぐり抜けることが必要になります。

女性の場合は、男性以上に大きな困難が待ち受けています。結婚、出産、育児等の家事によって、研究活動をさらに発展させたいと思っても思い通りにならないことは、多くの女性が経験してきたことです。家事・育児等は本来パートナーと分担して行うべきものですが、実際には女性の負担が大きくなるケースがまだ多いようです。そのなかで、研究を続けること、さらにポストを得るために努力することになります。

日本の女性教員の割合は、国際的にみて著しく低い水準にあります。女性研究者の生活を綴った書の多くが、女性が研究者として自立するうえで、いかに大きな努力を要するかを強く訴えています[1]。現在は各大学に男女共同参画推進室などが設置され、女性研究者のサポートを行うなど、かつてと比べれば状況は改善されています。

2. 大学教員の職階と職務内容

大学教員には、助手、助教、講師、准教授、教授という職階があります。大学教員として採用された後は、おおむねこの職階をたどります。

日本では、設置者別により職階の構成が若干異なります（表1.1）。いずれも教授の比率が最も高く、次いで准教授となっています。とくに私立大学では教授の割合が4割を超えています。

日本の職階構成、とくに教授職が多いことは、他国にはみられない日本の大学の一大特徴です。イギリス、ドイツ、ロシア、中国は、いずれも教授職の割合は全体の10％程度であり、他職階と比べてかなり小さくなっています。フランスは教授と准教授だけの構成のため教授の比率は30％以上とやや高めですが、それでも日本より低くなっています[2]。

准教授としての在職年数は、年々短くなる傾向にあります。在職期間が10年未満は1992年度の34％から2001年度の41％へと増加しています。

単純にはいえませんが、教授昇進までの所要期間が短くなっている可能性があります。

　教授、准教授、助教の職務内容は、学校教育法により以下のように規定されています。

「教授は、専攻分野について、教育上、研究上又は実務上の特に優れた知識、能力及び実績を有する者であって、学生を教授し、その研究を指導し、又は研究に従事する。」(第92条)

　准教授や助教もこれとほぼ同様の内容です（助手は、「その所属する組織における教育研究の円滑な実施に必要な業務に従事する」となっており、やや異なります）。准教授の場合には「特に優れた」が「優れた」と規定され、助教の場合には「実績」の文言がありません。2005年の改正までは、助教授は「教授の職務を助ける」、助手は「教授及び助教授の職務を助ける」と規定されていました。つまり、2007年に改正規定が施行される以前は、両者は教授や助教授を補佐する立場であり、以後は独立した職務遂行者としての立場になりました。法令上は三者とも、学生の教育（研究指導を含む）と研究が職務内容ですが、実際にはこれに学内の管理や運営に関する業務、社会貢献に関する活動が加わります。

3. 定年までの大学教員の生活設計

3.1　研究能力の向上

　入来は、研究者の人生を「研究者有段者」として表13.2に示す8段階で示しています[3]。
　このようなステップを、入来は理系の研究者を想定して提示したと思われますが、多くは理系だけでなく文系にもあてはまります。ただし、このリストは研究者としての側面について指摘するにとどまっています。大学教員の仕事は研究だけではありません。当然ながら教育、さらには学内の業務が加

表 13.2 研究者の能力向上のステップ

初段：与えられたテーマで実験して結果を出せること
2段：自らテーマをみつけ仮説を立てられること
3段：自分の名前で研究費を獲得できること
4段：独創的な研究を着想遂行できること
5段：研究領域で不可欠な人材となること
6段：研究領域を代表して組織を率いること
7段：独自の研究領域を提案し予算枠を獲得できること
8段：国家の科学技術基本政策を策定遂行できること

出所：入来篤史（2004）『研究者人生双六講義』岩波書店、p. 15。

わります。

3.2 教員の教育能力の向上

教員にとって教育は研究と並ぶ基本的業務です。教育と研究は理念的には不可分の関係にあり、両者に取り組むことで相互の質を高めていくことが教員には期待されています。しかし、両者に均等に取り組むことは難しく、結果的に研究重視に傾きがちというのが実情です。その主な理由は以下のようなものです。

> ①教員の採用や昇進等の際の評価では、伝統的に研究業績が重視されてきたこと。
> ②研究活動は論文や書籍等の形で時空を超えて多くの人の評価を受けることができるのに対して、教育はそれを受けた者だけの評価になりがちであること。しかも教育実践は一般的に記録されないため、その場かぎりの出来事になりがちであること。
> ③研究も教育も多大な時間と労力を要するので、均等配分ではどちらも平均的な成果になりかねない。研究は、教育と比べると時間と労力が成果として現れやすいために、結果的に評価結果が処遇等に反映しやすい側面があること。
> ④少なからぬ大学や社会一般が、教育よりも研究を重視する傾向にあること。

日本の教員が他国と比較して研究志向がきわめて強いことは、1章でも指摘したとおりです。1992年の調査では、私立大学よりは国立大学で、研究

大学以外の大学よりは研究大学で教員の研究志向が強かったのですが、最近の調査ではこれらの大学でも若干ですが教育志向が強まっています[4]。世界の主要国で高等教育の大衆化が進み、教員中心から学習者中心の大学への転換が叫ばれるなかで、教育に充てる時間と労力を拡大することは、どの大学のどの教員にとっても不可避になりつつあります。

教員に求められる教育能力の向上の過程は複雑ですし、所属組織や個人の特性に応じて多様ですが、共通する部分を大きく捉えると以下のようになります。

1．所属組織の手続きにそって、自分の担当する科目について授業を行う。
2．大学での教育や学生支援について自分なりの考え方を明確にする。
3．自分の授業を点検して、改善計画を立てそれに従って自分の授業を改善する。
4．学部・研究科の授業のあり方を点検して、同僚教員に授業改善を提起する。
5．学部・研究科教務委員会の責任者として、教育改善方策をまとめ、その実施を指導する。
6．全学の教務委員会に所属して、全学の教育改善方策をまとめ、その実施を指導する。

3.3 管理や運営に関する業務

大学の管理や運営に関する業務は、大学によって内容が異なります。多くの大学に共通する主なものを、主に委員会単位であげると表7.1のようになります。これらは、所属学部や研究科単位で設置されますが、同時に全学レベルでも設置されます。場合によっては両方の委員会に所属することになります。

学部・研究科によっては、難易度や必要とされる時間・労力のコストに応じて、これらの業務を整理して、年齢や職階に応じて段階的に担当させています。学部・研究科内の多様な業務の存在を理解させるとともに、仕事に習熟させ次第に困難度の高い仕事をこなせるようにするのです。

一般的には、各委員会とも若手教員、中堅教員、ベテラン教員のバランスに配慮しながら委員会を構成します。年齢や職階があがるとともに、一般の

委員、副委員長、委員長というように責任と権限が重くなります。

3.4 定年までの年齢ごとのステップ

以下では、以上に述べた教員に求められる諸業務に留意しながら、年代別の大学教員の仕事の進め方について述べてみましょう。

30歳代は、体力、気力とも充実しており、最も研究に集中できる期間です。大学の運営に関する仕事は避けられませんが、学科・学部などの比較的身近な組織の仕事が中心であり、長と名のつく職務を求められることは比較的少なくてすみます。学外の活動への参加意欲も旺盛であり、その活動を通じて幅広い人々や組織との関係をつくったり、新たな研究課題を見いだしたりすることも容易です。自分の研究テーマに没頭することができ、新しい研究テーマに挑戦することも容易です。またそれを強く求められます。外国に留学するチャンスにも恵まれています。この時期に、集中的に研究活動を行い、学会から高く評価される研究成果を数多く発表することが求められます。今後に続く長い研究者人生を豊かにするための強固な基礎を築くことができるし、それが必要でもあります。

40歳代になると、研究活動では飛躍の時期を迎えます。30歳代に築いた基礎的な力をベースにして、30歳代よりもさらに質量ともすぐれた研究成果を発表することになります。それが十分可能であるし、周囲からも強く期待されることになります。その一方で、研究以外の面では次第に状況が変化してきます。多くの場合、学科・学部内での責任が重くなります。研究室内では、教授の指導の下で研究に従事する立場から、研究計画を自ら作成し、若手を率いて、時には教授を説得してでも計画の遂行に当たることになります。やりがいを実感できる年代でもあります。その一方で、学内外の業務が増え、責任も重くなってきます。研究時間を確保するために、時間管理を徹底するなど、自分なりの工夫や努力が必要になる時期です。

50歳を過ぎると、40歳代の状況が次第に変化してきます。研究室内での役割は、研究の第一線で活躍すること以上に、研究資金の確保等、研究室のマネジメントの仕事が中心となります。研究室以外の仕事もますます増えます。学部内で要職に就くことを余儀なくされます。全学レベルでの仕事も増

え、責任者を務める機会も増えます。これらの状況に対処するために、さらなる工夫や努力が必要になります。

50歳代後半になると、学内の業務はさらに増えます。学外の仕事も学会・行政関係を問わず増えてきます。その一方で、定年が次第に近づいてくると、各種の長年自分が積み重ねてきた仕事を整理し、まとめることも必要になります。定年後の人生について思いをめぐらすことも必要になります。

4. 教員の職務能力向上のための研修機会

上記のように、大学教員は、就職した後、年齢の上昇とともに、期待される仕事や果たすべき役割が変化します。仕事や役割の種類は多くその内容は複雑になり、達成に要する時間やエネルギーは大きくなります。さらに責任も重くなります。

これらに的確に対処するためには、自らの能力を向上させることが必要です。しかも、絶えず能力向上のために努力する必要があります。実際に、それぞれの分野で活躍している研究者は、ほぼ例外なくそのための努力を続けています。

その努力は基本的に自分の責任で行うことが求められます。とはいえ、職務遂行にかかわる問題であるだけに、大学としても無関心ではいられません。大学によっては、教員に各種の研修機会を提供しています。その1つは「ファカルティ・ディベロップメント」（以下、FDと略）です。

日本の現状では、FDの定義は必ずしも明確ではありません。しかし、教員が職務を遂行するうえで必要な能力形成の支援を主要な目的とする活動とみることができます[5]。2006年以降の大学院設置基準や大学設置基準等の改定により、FDの実施が各大学に義務づけられたことにより、今後FDの機会は増えることが予想されます。

現在主要な大学では、多様な活動が行われています。最近では、教員の年齢や担当する職務の多様性などを考慮して、多様な内容の研修プログラムを開発し提供する動きも活発化しています。自分のニーズにあった研修を探し積極的に挑戦すること、それが十分に得られない場合にはそれを大学側に要

求することが、教員に求められます。そのことは、大学教員のニーズに応える質の高いプログラムをつくり出す力になります。

5. 流動性を高める

5.1 「定年まで同じ大学に勤務」は難しい？

　大学に就職するまでのハードルは高く険しいのですが、就職した後も安閑としていられません。最初の就職先で、必ずしも定年まで過ごすわけではありません。任期付きのポストであっても、更新が無期限に認められていれば問題は少ないのですが、一般的には任期つきのポストの場合には更新の回数も制限されるために、定年まで勤務することは難しいのが実情です。任期つきでなくても、定年を待たずに最初の勤務校を移ることは珍しくありません。事実、離職理由をみると、大学では、定年（勧奨）のため29.6％に対して、転職のため34.1％というように、転職のための方が多くなっています。

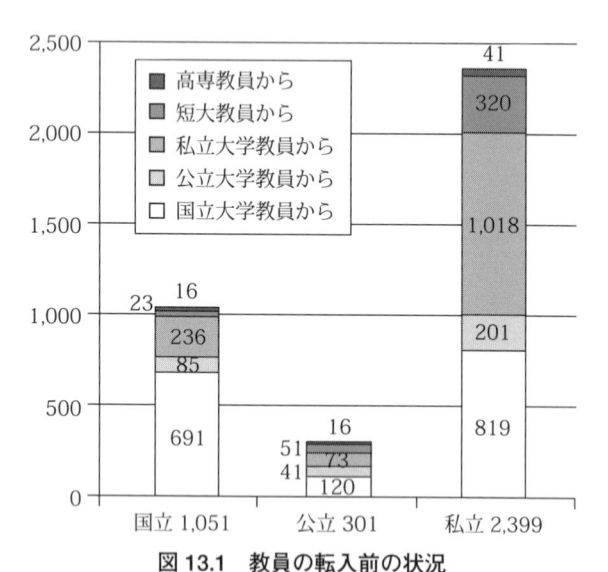

図13.1　教員の転入前の状況

転入先	国立大学教員から	公立大学教員から	私立大学教員から	短大教員から	高専教員から
国立 1,051	691	85	236	16	23
公立 301	120	41	73	16	51
私立 2,399	819	201	1,018	320	41

出所：文部科学省（2009）『平成19年度学校教員統計調査報告書』より筆者作成。

本務教員の平均勤務年数をみると、全大学の平均は13.7年、設置者別では国立14.6年、公立12.1年、私立13.3年となっています。設置者別でみると、国立と比べて公立や私立では勤務年数は少なくなっていることから、公立や私立大学では転出者が相対的に多いことが理解できます。年齢別に転入の状況をみると、転入者全体に占める各年齢層の割合は、35～40歳が18.3％で最も高く、次いで40～45歳16.7％の順です。つまり、40歳を挟んだ5歳前後の年齢層が最も多く異動していることになります。

　次に、設置者別の異動状況をみてみましょう。図13.1は、国立、公立、私立大学の転入者が、どのタイプの機関から、また設置者別の大学から転入したかを示したものです。これを見ると、大学では、他大学から転入した割合が88％を占めており、短大、高専からの転入者はごくわずかにとどまっています。とくに国立大学の場合には、その割合は96％に達しています。短大・高専から大学に転入する場合には、まず公立や私立（とりわけ公立）が対象となります。国立は国立同士、私立は私立同士の異動が最も多くなっています。公立は、公立大学の総数が少ないためか、公立同士の異動は少なく、異動先としては私立大学が多くなっています。国立の場合には私立大学教員からの転入者が転入者全体の22％を、私立の場合には国立大学からの転入者が同34％を占めています。

　このような大学間の異動には、国公私立という設置者別の大学間のそれにとどまりません。地域間の異動も少なくありません。多くの場合には、地方の大学から、都市部の大学への異動です。地方に所在する大学では、教員を新規に採用する場合にも、都市部の大学と比較して不利な位置に置かれています。都市部の大学では、1人の募集に対して100人以上の人が応募するということも珍しくありません。地方都市の大学の応募者数は、都市部の大学と比べると一般に少なく、その分競争率は低くなりがちです。大都市から遠く離れれば離れるほど、応募者は一般には減ります。これから大学教員になろうとする若手にとって、地方都市の大学は就職のチャンスが多いということになります。

　大学教員は、勤務の場所がどこであれ、教育と研究に職業として取り組みます。非常勤講師とは異なり、1日のうちに複数の大学をかけもちで授業を

行うということをしなくても済むので、勤務先の大学での授業に集中できます。自らにかけられる期待や責任も、非常勤講師とは比べものにならないほどに大きくなり、自覚も高まります。緊張感も高まり、学生の教育や指導・サポートに集中できるし、またそうせざるを得ない環境に置かれます。このような環境は、誰にとっても魅力的なものです。非常勤講師としての勤務期間の長かった人には、とりわけ魅力的に映ることでしょう。

地方都市の大学で、まず大学教員としての職を得て、じっくり教育と研究に取り組み、関心と機会があれば都市部の大学に移ることもできます。もちろん、都市部の大学に移る人ばかりではなく、地方都市でその地方やその環境ならではの研究課題を見いだして、地方で研究基盤を築く人もいます。そのような人にとっては、都市部の大学はさほど魅力的に映らないかもしれません。仮に誘いを受けても断ることも考えられます。

5.2　異動に備えた準備も必要

最初の勤務校に満足している人でも、なんらかの事情でそこを移ることになる場合もあります。勤務先の大学の経営状態や教育や研究の環境が大きく変わり、不本意ながら他大学への転出を余儀なくされることもあります。また、その地方ならではの研究課題を追求してきた人が、研究が一段落して、次の研究課題に取り組むために勤務地の変更を望む場合もあるでしょう。家族の事情が異動を促すという場合もありえます。

大学間の異動には各種の手続き、周囲への配慮のほか、個人的にも相当の時間とエネルギーを要します。慣れ親しんだ環境を捨てて、新しい職場で再スタートを切ることは、コストがかかるものです。実際に体験してみないとわからないことも多く、失ってみてはじめて従来の環境のよさがわかったということもあり得ます。またいかに優れた適応力をもつ人でも、新しい環境で従来通りに活動するためには相当の日数を要するのが通常です。家族を伴っていれば、なおさらです。若いうちはともかく、一定の年齢以上になると、適応力も多少とも低下します。それでも、新しい環境は、未知の世界への挑戦であり、マンネリを打破して新鮮な気分になれます。最初は困難な環境でも、それを克服することで達成感も得られます。新たな研究課題を見い

だす可能性も大きいといえます。

　こうしたチャンスをつかむためには、多様なネットワークに参加したり自ら組織したりして情報を収集することや、多くの人々との交流を通じて相互の信頼感を得ることに努めることが必要です。もちろん、大前提として、優れた研究成果や教育実績をあげて、研究者や教育者としての実績と信頼を得ることが必要です。ネットワークの形成、情報収集、人的交流も、研究者の場合には研究がベースになるので、その意味でも研究活動に励むことが重要です。気心の知れた仲間だけの交流にしないで、多くの人々と良好な関係をつくり、研究上の交流や情報の交換を活発に行うことが必要となります。

推薦図書

● 林周二（2004）『研究者という職業』東京図書、1800円
　経済学研究者による研究職論。日本の大学院教育の問題点に言及しつつ、研究者として一人前になるために必要な能力や資質、研究者としての生涯計画のたて方等、多様なノウハウや提案を盛り込んでいます。

● 吉田善一（2008）『企業研究者のキャリア・パス』冨山房インターナショナル、1500円
　企業で研究生活を長年送った経験をもつ大学教員による著書。企業研究者としての心得、企業研究所の研究環境、若手・中堅・マネージャーとしての職務内容等、企業研究者としての研究活動の進め方、生き方を示しています。

● 国立教育政策研究所、日本物理学会キャリア支援センター（2009）『ポストドクター問題－科学的技術人材のキャリア形成と展望』世界思想社、2300円
　深刻化する若手研究者の就職問題の構造と現状の分析を試みた書。物理学の学位取得後未就職の若手研究者を対象とするアンケートとインタビュー調査により、深刻化する現状の一端を描き出すとともに、現状を打破するための提案を行うなど、内容に富んでいます。

注

1) 女性研究者の生き方を扱った図書は多いのですが、比較的最近の図書として、以下が参考になります。原ひろ子（1999）『女性研究者のキャリア形成』勁草書房、米澤富美子（2009）『猿橋勝子という生き方』岩波書店。
2) 文部科学省（2009）『教育指標の国際比較　平成21年版』。

3）入来篤史（2004）『研究者人生双六講義』岩波書店、p. 15。
4）福留東土（2008）「研究と教育の葛藤」有本章編『変貌する日本の大学教授職』玉川大学出版部、p. 268。
5）文科省は、各大学におけるFDの実施状況を毎年公表しています。これによると、2006年度現在、628大学（約86％）の大学が実施しています。取り組みの内容は、①講演会等の開催、②センター以外の学内組織の設置、③新任教員以外のための研修会、④授業検討会の開催、⑤教員相互の授業参観等となっています。

（夏目　達也）

14章 大学教員への第一歩

1. 博士のキャリアを考える

1.1 博士号イコール大学教員ではない

　将来は大学教員になりたい、または選択肢の1つと考えている、という人なら、まず博士号取得をめざすことと思います。実際、図14.1にあるように、日本の博士号保持者の雇用元の5割以上は大学等となっています。博士号保持者の3分の1以上が民間企業へ就職するアメリカとは、今のところ雇用の構造に大きな違いがあります。けれど裏返してみれば、日本の博士の4割以上は大学の外で就労しているのです。

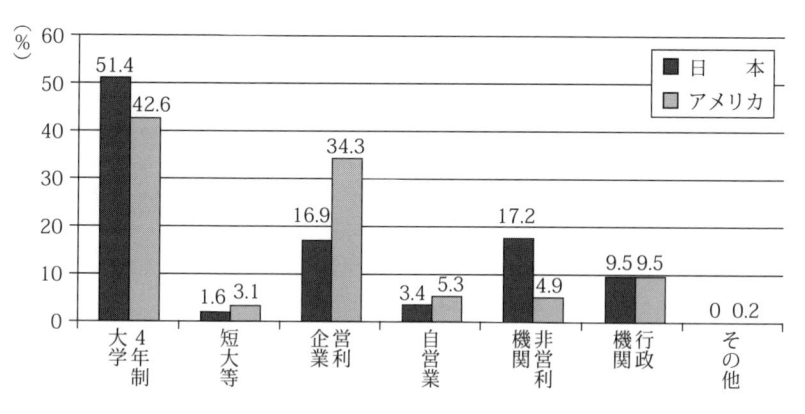

図14.1　日米の博士号取得者の雇用部門別分布

出所：文部科学省科学技術・学術審議会人材委員会（第28回）資料1より筆者作成。

一方で、博士課程を経ずに大学教員になる場合も珍しくはなくなってきました。プロフェッショナルスクールと呼ばれる高度な実務家を養成するための大学院コースの増加もあって、実務経験者を教員として迎える大学が増えています。大学の知財管理やリスク管理、広報などのために、企業などから専門知識をもつ人を招いて教員待遇を与えることも行われています。

　このように「博士号取得がすなわち大学教員になることではない」「大学教員が博士課程を経ているとは限らない」という時代をしっかり把握したうえで、どのようにキャリアを築いたらよいかを考える必要があります。

1.2　博士たちの現状

　まず、博士課程進学者のその後をみておきましょう。日本ではここ50年ほどの間、博士課程入学者数は大きな伸びをみせてきました。とくに1990年代の伸びは顕著です（図14.2参照）。しかし、修了または単位取得退学（いわゆる満期退学）直後の就職割合は3分の2程度にとどまっており、芳しいものではありません。

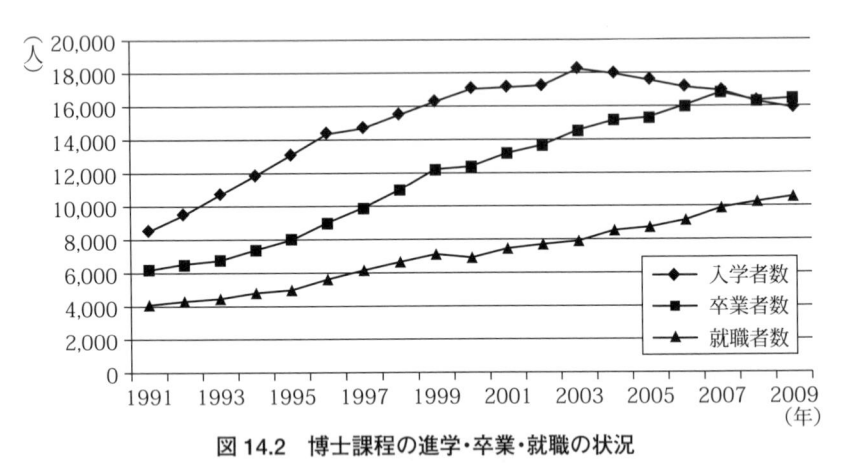

図14.2　博士課程の進学・卒業・就職の状況

出所：文部科学省『学校基本調査報告書』各年版より筆者作成。

　あなたの周りにも、博士課程を修了または満期退学してから定職につくまでの間、ポスドクと呼ばれる任期つきの契約研究員になったり、非常勤講師

をいくつも掛け持ちしたり、といった人がいるかもしれません。博士課程の後に連なるこういった厳しい現状が、ポスドク問題と呼ばれているものです。

ポスドク問題の経緯をかいつまんで述べると、1980年代に一度は問題（その当時はオーバードクター問題といわれていました）が緩和したものの、1990年代に入って再び状況が大きく変わった、ということになります[1]。この変化の原因は、政府がポストドクター等の増員を図ったことだけではありません。研究が個人型からプロジェクト型に移りゆくにつれ、定職にある研究者はプロジェクトの運営に時間を割かねばならなくなり、実際の研究を行う人員として、リサーチ・アシスタントやプロジェクト雇用型ポスドクを大量に必要としたことが、大学院の入学定員を拡大し維持した背景にはありました。しかし、大学教員や公的研究機関における研究職員といったアカデミック・ポストの数が頭打ちになってきていることを考えれば、問題は先送りにされたにすぎません。そのような意味で、最近は「ポスト・ポスドク問題」という名称も使われています。

このポスト・ポスドク問題では、ポスドクである間の不安定な雇用や処遇上の不利益のみならず、キャリア形成の難しさも指摘されています[2]。プロジェクト型研究に組み込まれていてプロジェクトの成果を上げることが求められていたり、非常勤講師という教育職にありながら正規に雇用されるためには研究成果を追求しなければならなかったりするのです。職務上の目標達成に貢献することが個人の業績につながりにくい状況にあります。

博士課程を終えた人たちが直面するであろう、このような困難は、ここ数年の博士課程進学者数の緩やかな減少という形で、影響の広がりを予感させています。研究活動の生産性の低下や、将来の学術研究の担い手の不在などが心配されているほか、大学や学術研究への社会からの信頼や支持の低下につながるのではといったことも懸念されています。

2. 知識基盤社会における博士

2.1 なぜ博士が多いのか

　ではどのようにしてポスドク問題を乗り越えたらよいのでしょうか。とくに多くのポスドクを抱える科学技術の分野から、問題を捉えなおしてみることにします[3]。

　科学技術政策は、20世紀末に、「知識のための科学」から「社会のための科学」へと変化したといわれています[4]。卓越した科学成果を生み出すための政策から、社会のための科学を追求する政策へと転換したという意味です。たとえば、米ソ冷戦の終結によって、アポロ計画に代表されるような国の威信をかけた科学技術成果競争は影をひそめ、知識基盤社会化によって、イノベーションにつながるような政策が重視されるようになりました。また、科学技術の社会への浸透は、科学技術に負の側面があることを露わにし、リスク管理や規制などの公共政策を必要とするようになりました。科学の社会的、経済的な価値に衆目が集まってきたのです。

　卓越性の問われた「知識のための科学」の時代には、ポスドクは研究推進の原動力でしたから、ポスドクの処遇を改善して、アカデミックポストを確保しながら参入者の量を適宜調整することが、ポスドク問題の解消策と思われていました。ひとたび博士課程に進学したら、あとは研究に邁進すればよかったのです。

　社会的、経済的価値が重みを増した「社会のための科学」の時代となった今はどうなのでしょう。ポスドクは今、社会における知識生産と知識活用の重要な担い手と目されるようになっています。知識が駆動する知識基盤社会、科学技術が浸透し多様な知識をもちよって解決すべき問題が山積するリスク社会において、科学技術をはじめとする高度専門知識を有する人の多様な活躍が期待されるのは、必然といえます。

　また、科学技術の高度化は、学問分野の境界を弱め、巨大データベースや計測機器、分析機器などの高価な共有ツールを必要とし、共同研究の重要性

を増してきました。そのようななかから生まれてきたのが、戦略的融合研究と呼ばれるものです[5]。一言でいえば、既存分野の枠組みを超えるような研究を行う人、空間、設備などを集約して、研究機関が戦略的にそれを推進していくという研究の進め方を指します。研究はもはや研究者だけによって進められるものではなくなり、学術政策、助成プログラム運営、研究評価、知財管理、博物館、教育など多岐にわたる分野で研究に関わる人材を必要とするものへと変化してきているのです。

以上のような背景は世界的に共通することから、科学技術関係人材の養成モデルについても世界的潮流があります。それは、特定の学問分野で研究に携わる研究者を単線的に序列化して養成することから、知識基盤社会全体を支える専門家全般を複線的に多様に養成することへと移行することです。前者はパイプライン・モデル、後者はツリー・モデルによる人材育成と呼ばれており、両者は図14.3に示すようにさまざまな面で違いがあります[6]。

そのような移行を支えるための大学院改革の議論や、博士号取得者のキャリア展開の多様化を促す施策は日本でも始められていますが、大学院教育やポスドク・トレーニングの実態はまだ理想にはほど遠いようにも感じられま

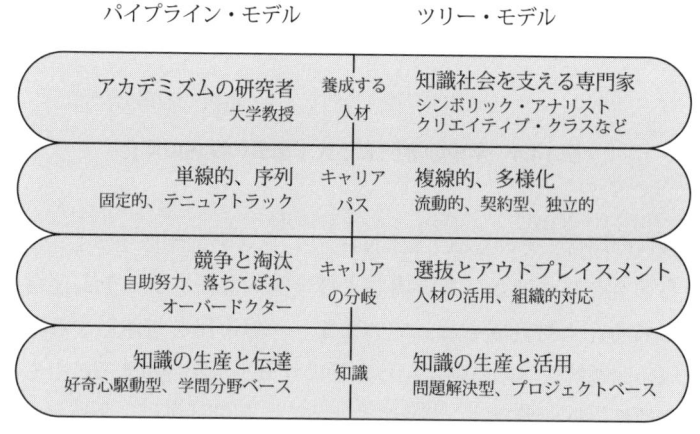

パイプライン・モデル		ツリー・モデル
アカデミズムの研究者 大学教授	養成する 人材	知識社会を支える専門家 シンボリック・アナリスト クリエイティブ・クラスなど
単線的、序列 固定的、テニュアトラック	キャリア パス	複線的、多様化 流動的、契約型、独立的
競争と淘汰 自助努力、落ちこぼれ、 オーバードクター	キャリア の分岐	選抜とアウトプレイスメント 人材の活用、組織的対応
知識の生産と伝達 好奇心駆動型、学問分野ベース	知識	知識の生産と活用 問題解決型、プロジェクトベース

図14.3 パイプライン・モデルとツリー・モデルの比較

出所：齋藤芳子、小林信一（2005）「ノンアカデミック・キャリアパスとは何か」産業技術総合研究所技術情報部門『科学技術振興調整費政策提言成果報告書－研究者のノンアカデミック・キャリアパス』、pp. 27-37 より筆者改変。

す。移行期の大学院生、ポスドクには、上記のような違いを自ら埋める努力をすることが不可欠となっている現状があるのです。

2.2 博士号をどう活かすか

博士号をとるということは、今も昔も、学術の専門家にとっての1つの関門であることに変わりはありません。違うのは、学術の専門家イコール大学教員という図式がもはや成立していない、ということです。学術の専門家の数が増え、大学教員以外の職業に就いて活躍する人が増えています。高度な学問知識を身につけた人、研究方法の教育を受けた人、研究経験を有する人が、その知識を生かすことのできる活動は、研究、研究支援、研究システム運営、学問知識を背景とする専門的サービスの提供など、多岐にわたります。

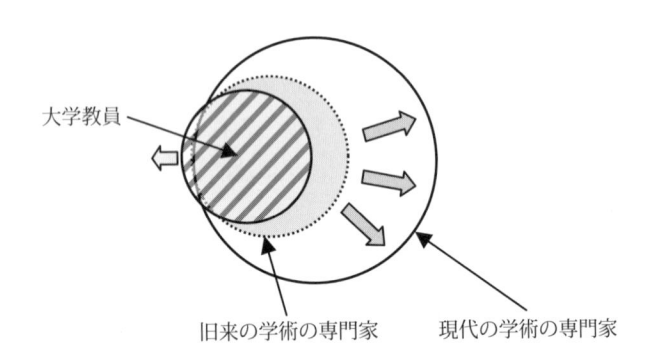

図 14.4　学術の専門家と大学教員の関係の変化

大学教員の場合、そのすべてに関わっていることは想像がつくことでしょう。自ら研究を行うほか、大学内および全国的な研究システム運営にも関わり、もちろん人材育成も行っています。一般市民を対象とする公開講座や、地域の問題解決への貢献といった形のサービスを提供することもあります。大学教員以外の職では、どうでしょうか。研究活動は、製造業で研究開発を行う、シンクタンクで調査を行うなど、さまざまに実施されています。これらの活動に携わる人材は、後継者育成という教育も行いますし、中堅以上になれば、研究活動を維持管理するための活動も必要になってきます。ま

た、専門家として問題解決に参画するなかで新たな知見を得ることも珍しくありません[7]。知識基盤社会においては、知識の生産、伝達、活用が絡み合って進んでいくため、狭い意味での「研究スキル」だけでは不十分なのです。

　知識基盤社会で活躍するために身につけるべき基本的な知識やスキルには、大学教員であるか否かを問わず、多くの共通項があります。先のツリー・モデルは静的に描かれていますが、実際には、あちらの枝からこちらの枝へと渡り歩きながらキャリアを形成する人も出てきています。大切なことは、大学院において研究という創造的な活動を実地に訓練するなかで培われた能力を、キャリアを切り拓く場面にも応用していくというところにあり、それは大学教員をめざすか否かにかかわらず共通だということです。

3. 博士として自立するまでに

　知識の生産、活用、伝達に携わる「学術の専門家」として社会で生きていくために必要なスキルとは、どのようなものなのでしょうか。たとえば以下の8件が、独立した「科学者」（科学の専門家）に求められるスキルとして挙げられています[8]。

- 研究遂行、学識の獲得
- 論文や書籍の執筆
- 研究費の獲得
- 授業
- 社会サービスとリーダーシップ
- 研究指導と研究マネジメント
- コミュニケーション
- オリジナリティの確立

　このほかに、研究システムの成り立ちを理解することや、倫理的な実践を心掛けること、そのためのトレーニングを受けることも、後々役に立つことと思います。あなたの選ぶキャリアによって、またキャリアの段階に応じて、必要とされるスキルレベルには違いがあることでしょうが、まったく必要のないスキルはこのなかに見当たらないようです。

　もちろん専門分野の研究方法や作法をしっかりと身につけることが大前提です。とくに、専門家として問題解決に当たる、人材育成に携わる、という

場合には、自らの専門分野の特性や限界を認識しておく必要があります。特定の分野を深く学んだからこそみえてくるような、分野を超えた地平もあるのではないかと思います。

表14.1は、高度な専門家として学術界内外で成功してゆくために博士課程の学生が身につけるべき技能として英国研究協議会がまとめたものです。ここに挙げられた技能は多様な職域で有効であることから「移転可能なスキル(transferable skills)」という呼び名が定着しています。博士号取得者のキャリアパス多様化の議論のなかで出てきたスキル項目ですが、大学教員をめざすからといって不要となるわけではありません。大学教員としての職務を遂行するために、そしてキー・プロフェッション(1章参照)としてさまざまな人材を輩出していくために、必要となるスキルばかりなのです。実際、「大学教員にこそ求められるスキルだ」という感想が、現職大学教員から聞かれます。

さらに注目すべきは、これらのスキルは大学院において研究指導を通じて獲得が可能だとされていることです。ちょっと見方を変えれば、大学院時代は大学という職場でインターンをしているようなものですから[9]、驚くこと

表14.1 大学院生が研究指導を通じて習得することが期待される技能

(A) 研究のスキルとテクニック	批判的思考・分析、概念作成、研究手法、専門分野のトレンド把握、経過の文書化、など
(B) 研究システムと環境	研究倫理、関連規程、研究資金、研究評価対応、研究成果の波及効果など
(C) 研究管理	プロジェクト管理、情報管理と情報公開、資源や機器の効果的な利用、など
(D) 個人的態度・資質	知識習得の意欲、独創性、柔軟性、自己認識、自制心、イニシアティブ、など
(E) コミュニケーション	目的に適った文章、相手にあわせた手法、研究成果の正当性の主張、理解増進、他者の学習の支援、など
(F) ネットワーキングとチームワーキング	ネットワーク構築と維持、自己の役割と影響の理解、フィードバックと応答、など
(G) キャリア・マネジメント	継続的能力開発、雇用可能性の改善、就職機会の発見、自己表現、など

出所：Research Councils UK and Art and History Research Board (2001) *Joint Statement of the Research Councils'/AHRB'S Skills Training Requirements for Research Students.* より筆者作成。

ではないのかもしれません。要は、そのような可能性に気づき機会を活用できるかどうか、という点だといえるでしょう。

ただし、このようなスキルは、身についているのかどうかの判断が難しいものです。そこで、ポートフォリオをつくることをお勧めしたいと思います。どのような計画のもとにトレーニングを実施してきたのか、それによってどのような変化があったのかを、記録に残すのです。博士課程を出て以降もポートフォリオづくりを継続すれば、自身のトレーニングや活動を振り返って今後の計画に反映するためにも、将来の雇用主に自身をアピールするためにも、役に立つことと思います。

4. 大学教員をめざすあなたへ

あなたが博士号をとったなら、学術の専門家として種々のキャリアの可能性があります。そのなかで大学教員への道を選ぶということは、博士号取得者のなかでいわゆる「勝ち組」になることでもなければ、高い地位や多くの利権を手に入れることでもありません。大学教員になることは、公共の利益のために、時に相反することもあるような多様な責務を背負っていくことを意味します。

大学教員をめざしたいというあなたには、以下の3点を心に留めて日々を過ごしていただけたらと思います。

(1) 大学教員に採用されることはゴールではなく「方法」であり「過程」である

これは何も大学教員に限った話ではなく、他の職業にあてはめても同じことです。ある職業に就きたいと思うのは、その職務を全うする自分でありたいと願う気持ちが、あなたにあるからに他ならないでしょう。ステータスへの憧れだけでは、いつか立ち行かなくなると思われます。

ただ、大学教員への道がひときわ険しいだけに、その過程のなかで大学教員になることがまるでゴールのようになってしまう場合があるのも現実です。でも、考えてみてください。大学の教員組織は同僚性を大切にしますか

ら、あなたの履歴書を読んで面接をする人たちは明日から同僚になれる人を求めているはずです。また、数ある専門家のなかでもキー・プロフェッションと呼ばれる大学教員には、学術の将来を考え行動していくことがより強く期待されています。

　大学教員となって何をしたいのか、望ましい大学の姿とはどのようなものか、といった問いに対して、さまざまな人との交流を通してあなたなりの答えをもち、さらにブラッシュアップを繰り返していく必要性を、理解してもらえるのではないかと思います。

（2）大学教員の多面性を理解し、実践に備える
　博士号取得者にはさまざまなキャリアの可能性があり、それぞれに特徴を有しています。大学教員にも、当然ながら大学教員らしさがあります。一言で表すなら、マルチな職業というところでしょうか。本書のこれまでの章を眺め返しても、その多様さの一端を読み取ってもらえるのではないかと思います。教育者として学生に接するときの顔、研究の仲間うちでの顔、専門家として異分野の人や非専門家に対するときの顔、大学を運営する組織人としての顔。これらのバランスは、機関により、また人により、さまざまです。

　まるでジャグリングをするように、さまざまな業務の切り盛りを楽しめれば理想的かもしれません。ジグソーパズルのピースをあてはめるように、周囲の人と協力し合っていく方法もあるでしょう。逆に、ただ単に「研究をしていたいから」といって大学教員を選んだとしたら、後のち苦労するであろうことが容易に想像できます。もし、大学院学生のときのような生活をそのまま続けられるだろうと考えて大学への就職を希望しているとしたら、それは大きな誤解です。自由気ままにみえる大学教員といえども、大学という組織に雇われる者であり、また専門家として社会の期待を背負う立場であることを念頭に置く必要があります。

（3）学問の継承者として、自らを律しつつ自由を楽しめるようになる
　大学教員にはたしかに「学問の自由」がありますが、当然ながら相応の責務も生じます。このことは、教育、研究から、専門家としての発言や行動に

至るまで、すべてに当てはまります。大学教員に許された「特権」を濫用することなく適正に執行できるように、個人が自らを律すること、集団として質を担保することが、ともに不可欠です。

また、あなたが専門家として自立するまでに社会から数々の支援を受けていることも忘れてはならないことです。大学という公的なシステムが構築され、そこに税金が投入されていますし、個人的に奨学金などを受給した人もいることでしょう。これらは社会から大学および大学教員への期待や信頼があってのことです。

学術と学術システムの継承者となることに誇りをもち、実践に際してより高い自律性を発揮できる、あなたにそんな自信と覚悟が芽生えたときこそが、大学教員への道に本格的に進み出る第一歩になるのだと思います。

推薦図書

- マックス・ウェーバー（尾高邦雄訳）（1980）『職業としての学問』岩波書店、400円
    言わずと知れた名著、というところですが、いざ学問を職業にしようというとき、もしくは職業にしてからも気に留めておきたい1冊です。「社会に貢献する大学」という理念が広まった現代において、忘れてはならないこと、変えなければならないことを考えるよすがになることと思います。
- 阿部謹也（1999）『大学論』日本エディタースクール出版部、1800円
    「世間」や「教養」についての論考でも知られる著者が、一橋大学学長時代に執筆した原稿を基にした書です。中世の大学の話から現代の大学経営まで幅広く取り上げられていますが、やはり教養論が充実しています。
- ジャック・デリダ（西山雄二訳）（2008）『条件なき大学―附:西山雄二「ジャック・デリダと教育」』月曜社、2400円
    常に大学というものを捉え直すことを説いて、デリダらしい書です。内容は人文学の視点で書かれていますが、訳者による充実した付録によってデリダの来歴や教育に対する考え方を知ることができるので、分野外の人には新鮮な一冊となるでしょう。著者は「大学」には生涯勤めたことがなく、周縁からの期待、思いを込めた大学論となっています。

注

1) 齋藤芳子、小林信一（2005）「科学技術人材の養成確保－歴史と現状」産業技術総合研究所技術情報部門『科学技術振興調整費政策提言成果報告書－研究者のノンアカデミック・キャリアパス』、pp. 38-52。
2) 小林信一（2005）「ポスドク問題の現状と課題」産業技術総合研究所技術情報部門『科学技術振興調整費政策提言成果報告書－研究者のノンアカデミック・キャリアパス』pp. 53-67。
3) 齋藤芳子、小林信一（2005）「ノンアカデミック・キャリアパスとは何か」産業技術総合研究所技術情報部門『科学技術振興調整費政策提言成果報告書－研究者のノンアカデミック・キャリアパス』pp. 27-37。または、小林信一（2008）「研究プロジェクト管理」国立大学財務・経営センター編『国立大学法人経営ハンドブック（3）』。
4)「社会のための科学」は、21世紀における新しい科学のあり方として「科学と科学的知識の利用に関する世界宣言」に登場しました。この宣言は1999年に開催された世界科学会議において採択されたもので、開催地にちなみ「ブダペスト宣言」と呼ばれています。この宣言では、「知識のための科学（科学のための科学）」に加えて、「平和のための科学」、「開発のための科学」、「社会のための科学」の重要性が説かれました。
5) 小林信一（2004）「戦略的融合研究の登場」『応用物理』第73巻、第8号、pp. 1050-1056。本書8章においても言及しています。
6) パイプライン・モデルは、1本のパイプの所々で蛇口を開け閉めすることで最終出口の流量（博士号を取得して大学教員等になる人数）を調節するという考え方です。一方のツリー・モデルは、太い幹（高等教育）からさまざまな方向に枝（キャリアの選択肢）を伸ばし、葉を茂らせる（博士号取得者等が活躍する）ことを理想としています（齋藤芳子、小林信一（2005）、pp. 27-37）。
7) 伝統的な学問分野ごとの研究様式がモード1型の知識生産と呼ばれるのに対し、問題解決型の研究様式はモード2型の知識生産と呼ばれます（マイケル・ギボンズ編（小林信一監訳）（1997）『現代社会と知の創造－モード論とは何か』丸善ライブラリー、pp. 292-293に用語解説あり）。
8) Bloomfield, V. A. and El-fakahany, E. E.（2008）*The Chicago Guide to Your Career in Science: A Toolkit for Students and Postdocs,* University of Chicago Press, pp. 95-98.
9) 大学院学生であることがすなわち大学教員の就業体験ということではありませんが、大学教員の活動の一部を体験共有でき、また身近に観察できる機会という点では、企業でのインターンシップと同等に捉えることができます。

（齋藤　芳子）

参考文献

安彦忠彦（2006）『改訂版教育課程編成論－学校は何を学ぶところか』財団法人放送大学教育振興会。

阿部謹也（1999）『大学論』日本エディタースクール出版部。

有馬朗人監修（2000）『研究者』東京図書。

有本章（2005）『大学教授職とFD－アメリカと日本』東信堂。

有本章編（2008）『変貌する日本の大学教授職』玉川大学出版部。

有本章、江原武一編（1996）『大学教授職の国際比較』玉川大学出版部。

李成柱（裴淵弘訳）（2006）『国家を騙した科学者－「ES細胞」論文捏造事件の真相』牧野出版。

飯田益雄（2007）『科研費ヒストリー－科学政策にみる科研費の制度と運営の実際』科学新聞社。

池内了（2007）『科学者心得帳－科学者の三つの責任とは』みすず書房。

池田輝政、戸田山和久、近田政博、中井俊樹（2001）『成長するティップス先生－授業デザインのための秘訣集』玉川大学出版部。

石渡嶺司、大沢仁（2008）『就活のバカヤロー－企業・大学・学生が演じる茶番劇』光文社。

井下千以子（2008）『大学における書く力　考える力－認知心理学の知見をもとに』東信堂。

市川昭午（2001）『未来形の大学』玉川大学出版部。

入来篤史（2004）『研究者人生双六講義』岩波書店。

マックス・ヴェーバー（尾高邦雄訳）（1980）『職業としての学問』岩波書店。

潮木守一（2004）『世界の大学危機－新しい大学像を求めて』中央公論新社。

潮木守一（2008）『フンボルト理念の終焉？－現代大学の新次元』東信堂。

潮木守一（2009）『職業としての大学教授』中央公論新社。

宇野賀津子、坂東昌子（2000）『理系の女の生き方ガイド』講談社。

ＮＨＫ放送文化研究所（2006）『2005年国民生活時間調査報告書』日本放送出版協会。

江原武一、杉本均編（2005）『大学の管理運営改革－日本の行方と諸外国の動向』東信堂。

江淵一公（1997）『大学国際化の研究』玉川大学出版部。

遠藤啓（2008）『わかりやすい科研費』ぎょうせい。

越智貢編（2005）『岩波応用倫理学講義（6）教育』岩波書店。

大阪大学留学生委員会留学交流企画部会（2003）『大阪大学教員のための留学生受け入れマニュアル』大阪大学。

科学技術社会論学会編集委員会編（2008）『サイエンス・コミュニケーション－科学技術社会論研究第5号』玉川大学出版部。

科学技術振興機構プレスルーム編（2005）『科学者になる方法』東京書籍。

科学倫理検討委員会編（2007）『科学を志す人びとへ－不正を起こさないために』化学同人。

梶田叡一（1983）『教育評価』有斐閣。

柏木惠子編（2005）『キャリアを拓く』ドメス出版。

加藤辰雄（2007）『誰でも成功する板書のしかた・ノート指導』学陽書房。

加藤尚武（2006）『教育の倫理学』丸善。

金井壽宏（2002）『働くひとのためのキャリア・デザイン』PHP研究所。

アルヴィン・カーナン（木村武史訳）（2001）『人文科学に何が起きたか－アメリカの経験』玉川大学出版部。

ロバート・ガニェ、ウォルター・ウェイジャー、キャサリン・ゴラス、ジョン・ケラー（鈴木克明、岩崎信監訳）（2004）『インストラクショナルデザインの原理』北大路書房。

金子元久（2007）『大学の教育力』筑摩書房。

株式会社日本総合研究所創発戦略センター（2004）『文部科学省委託調査　日米の博士号取得者の活動実態に関する調査研究』。

川本八郎、近森節子編（2006）『大学行政論Ⅰ』東信堂。

苅谷剛彦（1992）『アメリカの大学・ニッポンの大学－TA・シラバス・授業評価』玉川大学出版部。

喜多村和之（2002）『大学は生まれ変われるか－国際化する大学評価のなかで』中央公論新社。

木下是雄（1981）『理科系の作文技術』中央公論新社。

マイケル・ギボンズ編（小林信一監訳）（1997）『現代社会と知の創造－モード論とは何か』丸善。

シェルドン・クリムスキー（宮田由紀夫訳）（2006）『産学連携と科学の堕落』海鳴社。

ダイアナ・クレーン（津田良成監訳）（1979）『見えざる大学－科学共同体の知識の伝播』敬文堂。

黒田光太郎、戸田山和久、伊勢田哲治（2004）『誇り高い技術者になろう－工学倫理のススメ』名古屋大学出版会。

ドナルド・ケネディ（立川明、坂本辰朗、井上比呂子訳）（2008）『大学の責務』東信堂。

カール・コーエン、スザンヌ・コーエン（浜口道成監訳）（2007）『ラボ・ダイナミクス－理系人間のためのコミュニケーションスキル』メディカルサイエンス・インターナショナル。

国立教育政策研究所、日本物理学会キャリア支援センター（2009）『ポストドクター問題－科学的技術人材のキャリア形成と展望』世界思想社。

国立大学協会（2002）『国立大学学生の就職活動に関するアンケート調査報告書』。

国立大学協会（2005）『大学におけるキャリア教育のあり方－キャリア教育科目を中心に』。

国立大学財務・経営センター編（2008）『国立大学法人経営ハンドブック（3）』。

小林信一（2004）「戦略的融合研究の登場」『応用物理』第73巻、第8号、pp. 1050-1056。

小林雅之（2004）「高等教育の多様化政策」『大学財務経営研究』第1号、pp. 51-67。

齋藤芳子『学位への道（大学院生のための学修ポートフォリオキット）』名古屋大学高等教育研究センター。

ジョン・ザイマン（村上陽一郎、川﨑勝、三宅苞訳）（1995）『縛られたプロメテ

ウス―動的定常状態における科学』シュプリンガー・フェアラーク東京。
酒井邦嘉（2006）『科学者という仕事―独創性はどのように生まれるか』中央公論新社。
佐藤望、湯川武、横山千晶、近藤明彦（2006）『アカデミック・スキルズ―大学生のための知的技法入門』慶應義塾大学出版会。
産業技術総合研究所技術情報部門（2005）『科学技術振興調整費政策提言成果報告書―研究者のノンアカデミック・キャリアパス』。
塩満典子、室伏きみ子（2008）『研究資金獲得法―研究者・技術者・ベンチャー起業家』丸善。
島田次郎（2007）『日本の大学総長制』中央大学出版部。
清水亮、橋本勝、松本美奈編（2009）『学生と変える大学教育―FDを楽しむという発想』ナカニシヤ出版。
就職問題懇談会（2005）「平成17年度就職・採用活動に関するアンケート調査結果について」。
城繁幸（2006）『若者はなぜ3年で辞めるのか？』光文社。
杉江修治、関田一彦、安永悟、三宅なほみ（2004）『大学授業を活性化する方法』玉川大学出版部。
鈴木克明（2002）『教材設計マニュアル―独学を支援するために』北大路書房。
ニコラス・ステネック（山崎茂明訳）（2005）『ORI研究倫理入門―責任ある研究者になるために』丸善。
スーザン・ストックルマイヤー、マイケル・ゴア、クリス・ブライアント編（佐々木勝浩、小川正賢、岡本拓司、山本珠美、濱田浄人、小川義和、渡辺政隆、亀井修、瀬川嘉之、守井典子、高安礼士、吉田英一訳）（2003）『サイエンス・コミュニケーション―科学を伝える人の理論と実践』丸善プラネット。
ダニエル・セイモア（舘昭、森利枝訳）（2000）『大学個性化の戦略―高等教育のTQM』、玉川大学出版部。
ピーター・セルディン（大学評価・学位授与機構監訳）（2007）『大学教育を変える教育業績記録』玉川大学出版部。
曽余田浩史、岡東壽隆（2006）『新・ティーチング・プロフェッション』明治図書出版。

高浦勝義（2000）『ポートフォリオ評価法入門』明治図書出版。
武内清編（2003）『キャンパスライフの今』玉川大学出版部。
立花隆、東京大学教養学部立花ゼミ（2008）『二十歳のころ』ランダムハウス講談社。
舘昭（2006）『原点に立ち返っての大学改革』東信堂。
田中耕治編（2005）『よくわかる教育評価』ミネルヴァ書房。
田中耕治編（2008）『教育評価』岩波書店。
玉井克哉、宮田由紀夫（2007）『日本の産学連携』玉川大学出版部。
近田政博（2007）「研究大学の院生を対象とする大学教授法研修のあり方」『名古屋高等教育研究』第7号、pp. 147-167。
近田政博（2009）『学びのティップス－大学で鍛える思考法』玉川大学出版部。
中央教育審議会（1999）『初等中等教育と高等教育との接続の改善について』。
中央教育審議会（2005）『我が国の高等教育の将来像』。
中央教育審議会（2008）『学士課程教育の構築に向けて』。
土持ゲーリー法一（2007）『ティーチング・ポートフォリオ－授業改善の秘訣』東信堂。
土持ゲーリー法一（2009）『ラーニング・ポートフォリオ－学習改善の秘訣』東信堂。
都築一治編（1998）『1995年SSM調査シリーズ5　職業評価の構造と職業威信スコア』文部省科学研究費補助金特別推進研究「現代日本の階層構造に関する全国調査研究」成果報告書。
坪田一男（1997）『理系のための研究生活ガイド－テーマの選び方から留学の手続きまで』講談社。
坪田一男（2008）『理系のための人生設計ガイド－経済的自立から教授選、会社設立まで』講談社。
ウォルター・ディック、ルー・ケアリー、ジェームス・ケアリー（角行之監訳）（2004）『はじめてのインストラクショナルデザイン』ピアソンエデュケーション。
バーバラ・デイビス（香取草之助監訳）（2002）『授業の道具箱』東海大学出版会。
寺崎昌男（2007）『大学改革その先を読む』東信堂。

ジャック・デリダ（西山雄二訳）（2008）『条件なき大学－附:西山雄二「ジャック・デリダと教育」』月曜社。
戸田山和久（2002）『論文の教室－レポートから卒論まで』日本放送出版協会。
内藤記念科学振興財団事務局編（2009）『若い研究者のために』東京大学出版会。
中井俊樹（2005）「どのような条件のもとで学生はより学ぶのか」『大学と教育』第40号、pp. 22-37。
中井俊樹編（2008）『大学教員のための教室英語表現300』アルク。
中井俊樹、齋藤芳子（2007）「大学教育の質を総合的に向上させる研修教材の評価」『メディア教育研究』第4巻、第1号、pp. 31-40。
中井俊樹、中島英博（2005）「優れた授業実践のための7つの原則とその実践手法」『名古屋高等教育研究』第5号、pp. 283-299。
中井俊樹、山里敬也、中島英博、岡田啓（2003）『eラーニングハンドブック－ステップでつくるスマートな教材』マナハウス。
永野仁（2004）『大学生の就職と採用』中央経済社。
名古屋大学高等教育研究センター（2005）『ティップス先生からの7つの提案〈教員編〉』。
名古屋大学高等教育研究センター（2006）『ティップス先生からの7つの提案〈ＩＴ活用授業編〉』。
名古屋大学高等教育研究センター（2008）『大学教員をめざす君へ』2008年度大学教員準備プログラム教材集。
名古屋大学高等教育研究センター（2009）『大学教員をめざす君へ』2009年度大学教員準備プログラム教材集。
名古屋大学高等教育研究センター編（2007）『ティップス先生のカリキュラムデザイン』。
西村吉雄（2003）『産学連携－「中央研究所の時代」を超えて』日経ＢＰ社。
新田孝彦、石原孝二、蔵田伸雄編（2005）『科学技術倫理を学ぶ人のために』世界思想社。
日本化学会編（2009）『研究室マネジメント入門－人・資金・安全・知財・倫理』丸善。
日本学術会議（2006）『声明　科学者の行動規範について』。

日本学術会議学術と社会常置委員会（2005）『現代社会における学問の自由』。
日本学生支援機構（2006）『大学等における学生生活支援の実態調査』。
日本私立学校振興・共済事業団、私学経営情報センター（2008）「平成20年度私立大学・短期大学等入学志願動向」。
キャシー・バーカー（浜口道成監訳）（2007）『アット・ザ・ヘルム－自分のラボをもつ日のために』メディカルサイエンス・インターナショナル。
林周二（2004）『研究者という職業』東京図書。
原ひろ子（1999）『女性研究者のキャリア形成』勁草書房。
ロバート・バーンバウム（高橋靖直訳）（1992）『大学経営とリーダーシップ』玉川大学出版部。
広重徹（2002）『科学の社会史（上）戦争と科学』岩波書店。
藤垣裕子（2007）「科学者の社会的責任論の系譜（その２）」『科学技術社会論学会第６回年次研究大会予稿集』科学技術社会論学会第６回年次研究大会実行委員会、pp. 67-70。
藤垣裕子、廣野喜幸（2008）『科学コミュニケーション論』東京大学出版会。
船曳建夫（2005）『大学のエスノグラフィティ』有斐閣。
古川安（2000）『科学の社会史－ルネサンスから20世紀まで』南窓社。
ウイリアム・ブロード、ニコラス・ウェイド（牧野賢治訳）（2006）『背信の科学者たち』講談社。
米国科学アカデミー編（池内了訳）（1996）『科学者をめざす君たちへ－科学者の責任ある行動とは』化学同人。
ケン・ベイン（高橋靖直訳）（2008）『ベストプロフェッサー』玉川大学出版部。
別府昭郎（2005）『大学教授の職業倫理』東信堂。
ベネッセ教育研究開発センター（2005）『第１回子ども生活実態基本調査報告書』。
アーネスト・ボイヤー（有本章訳）（1996）『大学教授職の使命－スカラーシップ再考』玉川大学出版部。
細谷俊夫、河野重男、奥田真丈、今野喜清編（1990）『新教育学大事典』第一法規出版。
北海道大学科学技術コミュニケーター養成ユニット（CoSTEP）編（2007）『はじめよう！科学技術コミュニケーション』ナカニシヤ出版。

デレック・ボック（宮田由紀夫訳）（2004）『商業化する大学』玉川大学出版部。
前島英雄（2001）『技術者・研究者になるために』米田出版。
ウィルバート・マッキーチ（高橋靖直訳）（1984）『大学教授法の実際』玉川大学出版部。
水谷幸雄（2000）『研究者であること』エヌ・ティー・エス 。
村松秀（2006）『論文捏造』中央公論新社。
文部科学省（2005）『平成17年版科学技術白書』。
文部科学省（2006）『研究活動の不正行為への対応のガイドラインについて－研究活動の不正行為に関する特別委員会報告書』。
文部科学省（2008）『学校基本調査報告書』。
文部科学省（2008）『国立大学法人等の役職員の給与等の水準（平成19年度)』。
文部科学省（2008）『大学における教育内容・方法の改善等について』。
文部科学省（2009）『教育指標の国際比較　平成21年版』。
文部科学省（2009）『平成19年度学校教員統計調査報告書』。
文部科学省（2009）『平成21年度学校基本調査速報』。
文部科学省、外務省、法務省、厚生労働省、経済産業省、国土交通省（2008）『「留学生30万人計画」骨子』。
文部科学省科学技術・学術政策局（2003）『大学等におけるフルタイム換算データに関する調査報告』。
文部科学省科学技術政策研究所第1調査研究グループ（2008）『国立大学法人の財務分析』。
文部科学省キャリア教育の推進に関する総合的調査研究協力者会議（2001）『児童生徒　一人一人の勤労観、職業観を育てるために』。
文部科学省、厚生労働省（2005）『平成16年度大学、短期大学及び高等専門学校卒業者の就職状況調査（4月1日現在）について』。
文部科学省、厚生労働省（2008）『平成19年度大学、短期大学及び高等専門学校卒業者の就職状況調査（4月1日現在）について』。
文部科学省高等教育局学生支援課（2008）『我が国の留学生制度の概要－受入れ及び派遣』
山崎茂明（2002）『科学者の不正行為－捏造・偽造・盗用』丸善。

山崎茂明（2007）『パブリッシュ・オア・ペリッシュ－科学者の発表倫理』みすず書房。

山崎準二（2002）『教師のライフコース』創風社。

山田礼子（2008）『アメリカの学生獲得戦略』玉川大学出版部。

山地弘起編（2007）『授業評価活用ハンドブック』玉川大学出版部。

山野井敦徳編（2007）『日本の大学教授市場』玉川大学出版部。

横尾壮英（1998）『大学の誕生と変貌－ヨーロッパ大学史断章』東信堂。

横田雅弘（2008）「三〇万人計画が実現する条件－中教審留学生特別委員会での議論を通して」『留学交流』2008年8月号、pp. 6-9。

吉田善一（2008）『企業研究者のキャリア・パス』冨山房インターナショナル。

米澤富美子（2009）『猿橋勝子という生き方』岩波書店。

読売新聞社教育取材班（2009）『大学の実力－教育ルネサンス』中央公論新社。

労働政策研究・研修機構（2006）『大学生の就職・募集採用活動等実態調査』。

フェデリコ・ロージ、テューダー・ジョンストン（高橋さきの訳）（2008）『科学者として生き残る方法』日経BP社。

ロンドン大学大学教授法研究部編（喜多村和之、馬越徹、東曜子編訳）（1982）『大学教授法入門－大学教育の原理と方法』玉川大学出版部。

American Association for Higher Education (1996) *Nine Principles of Good Practice for Assessing Student Learning.*

Bloomfield, V. and El-fakahany, E. (2008) *The Chicago Guide to Your Career in Science: A Toolkit for Students and Postdocs,* University of Chicago Press.

Chickering, A. and Gamson, Z. (1987) "Seven Principles for Good Practice in Undergraduate Education", *AAHE Bulletin,* 39 (7), pp. 3-7.

Christensen, L. (2007) *The Hands-on Guide for Science Communicators: A Step-by-step Approach to Public Outreach,* Springer.

European Comission (2006) *Communicating Science : A Scientist's Survival Kit.*

European Union Research Advisory Board (2004) *Interdisciplinarity in Research.*

Feldman, K. (1997) "Identifying Exemplary Teachers and Teaching: Evidence from Student Ratings" in Perry, P. and Smart, J. (eds.), *Effective Teaching in*

Higher Education: Research and Practice, Agathon Press, pp. 368-395.

Goldsmith, J., Komlos, J. and Gold, P. (2001) *The Chicago Guide to Your Academic Career: A Portable Mentor for Scholars from Graduate School through Tenure,* University of Chicago Press.

Laszlo, P. (2006) *Communicating Science: A Practical Guide,* Verlag : Springer.

Lerner, R. and Simon, L. (1998) *University-Community Collaborations for the Twenty-First Century: Outreach Scholarship for Youth and Families,* Garland Publishing.

Lucas, C. and Murry, J. (2007) *New Faculty: A Practical Guide for Academic Beginners* (2nd ed.), Palgrave Macmillan.

Lysgaard, S. (1955) "Adjustment in a Foreign Society: Norwegian Fulbright Grantees Visiting the United States", *International Social Science Bulletin,* 7, pp. 45-51.

Macfarlane, B. (2003) *Teaching with Integrity: The Ethics of Higher Education Practice,* Routledge.

Macfarlane, B. (2007) *The Academic Citizen: The Virtue of Service in University Life,* Routledge.

Macfarlane, B. (2008) *Researching With Integrity: The Ethics of Academic Enquirery,* Routledge.

Macrina, F. (2005) *Scientific Integrity* (3rd ed.), ASM Press.

Merton, R. (1973) *The Sociology of Science,* The University of Chicago Press.

Mintzberg, H. (1983) *Structure in Fives: Designing Effective Organizations,* Prentice-Hall.

National Academy of Sciences (1995) *On Being a Scientist: Responsible Conduct in Research,* National Academies Press.

National Academy of Sciences, National Academy of Engineering and Institute of Medicine (2005) *Facilitating Interdisciplinary Research,* The National Academies Press.

National Consumer Council (2008) *Deliberative Public Engagement: Nine Principles.*

Perkin, H. (1969) *Key Profession: The History of the Association of University Teachers,* Routledge and Kegan Paul.

Pohl, C. and Hadorn, G. (2008) "Core Terms in Transdisciplinary Research" in Hadorn, G., Hoffmann-Riem, H., Biber-Klemm, S., Grossenbacher-Mansuy, W., Joye, D., Pohl, C., Wiesmann, U. and Zemp, E. (eds.), *Handbook of Transdisciplinary Research,* Springer, pp. 427-432.

Research Councils UK and Art and History Research Board (2001) *Joint Statement of the Research Councils' /AHRB'S Skills Training Requirements for Research Students.*

Robinson, G. and Moulton, J. (2005) *Ethical Problems in Higher Education,* iUniverse Inc.

Sapienza, A. (2004) *Managing Scientists: Leadership Strategies in Scientific Research,* (2nd ed.), Wiley-Liss.

Smithee, M., Greenblatt, S. and Eland, A. (2004) "U.S. Culture Series: U.S. Classroom Culture", *NAFSA Association of International Educators,* pp. 1-28.

Steneck, N. (2004) *ORI Introduction to the Responsible Conduct of Research,* Diane Publishing Co.

The Center for Academic Integrity (1999) *The Fundamental Values of Academic Integrity.*

Toulmin, S. (2003) *The Uses of Argument,* Cambridge University Press, p. 184.

Walvoord, B. and Anderson, V. (1998) *Effective Grading: A Tool for Learning and Assessment,* Jossey-Bass.

Wilcox, J. and Ebbs, S. (1992) *The Leadership Compass: Values and Ethics in Higher Education,* ASHE-ERIC Higher Education Report No.1, Jossey-Bass.

おわりに

　大学教員になることを希望して、大学院やその他で日々研鑽に励んでいる人は、全国に多数います。大学院生は、指導教員をはじめ多くの教員と日々接して大学教員の仕事や生活ぶりをみて、大学教員に関する知識を得ていることでしょう。それでも、必ずしも大学の事情に通じているわけではないはずです。知っているつもりでも、それは学生の立場からのものであり、理解の程度もおのずと限られていることと思われます。任期付研究員や非常勤講師であれば、大学院生よりもその知識は深いとはいえ、やはり限界があるようです。教員という立場になれば、同じ事象がまったく異なってみえることは多くの大学教員が経験してきたことです。大学教員を志す大学院生、任期付研究員、非常勤講師の方々に、大学教員という職業の多様な側面を多少とも詳しく知っていただきたいというのが、執筆者一同の願いです。

　メッセージを届ける対象を、大学教員を志す若い人たちに絞ったことが本書の特徴の1つです。このほかの特徴は、大きく以下のようにまとめることができます。
　第一に、将来大学教員になった際に、実際に役立つこと、大学側から実施を求められることを中心に記述したことです。大学教員になる前に知っておくべきこと、実行しておくべきことは数多くあります。それらを知っておくことは必要なことですが、そのすべてを分量の限られた本書で網羅することはできません。そこで、内容を絞り込み、すぐに必要になることを重点的に取り上げることにしました。
　政策レベルでも大学の現場レベルでも、近年急速に改革が進むなかで、高等教育に関する研究や著作は数多く発表されています。それらの多くは執筆者の長年の研究成果に基づいた豊富で貴重な知識を提供しています。とはいえ、そのなかには実際の大学教育の場面で活用するのが難しいものも少なく

ありません。大学教員として採用された後に、何をどうすればよいのかわからずに困っている教員は少なくありません。それを教えてくれる同僚に恵まれるとは限りません。こうした点をふまえて、本書では大学教員になった際に役に立つことをたんに知識としてとどめず、実践に移せるようにしました。それぞれの内容をできる限り具体的にして、表現もできるかぎり平易にしました。

　第二に、研究、教育、学内運営、社会サービスという、大学教員としての幅広い職務について、ひととおり言及したとはいえ、教育にやや重点を置いたことです。執筆者らの所属する名古屋大学高等教育研究センターは高等教育の現場、とりわけ実際の授業場面で活用できる知識やノウハウの開発やそれを具体化するツールの開発に取り組んできました。その過程でわれわれ自身が学んだこと、発見したこと、蓄積してきたことは少なくありません。本書にはそれらを反映させました

　第三に、実際の場面で役立つ知識やノウハウを盛り込んだとはいえ、たんなる思いつきではなく、数多くの先人とわれわれ自身の研究成果をふまえ、根拠のしっかりしたものになるよう努めました。役立つけれどもすぐに陳腐化するものではないと密かに自負しています。また、それらを幅広い視点からとらえるために、倫理やライフコースなどにも言及しました。

　第四に、基本的に大学教員になってほしいという立場で書きました。大学をめぐる環境が厳しさを増していること、今後ともその状況に大きな改善が期待できないことを考慮すれば、大学教員として就職することは今後とも相当な困難が予想されます。その状況を知ってもなお大学教員になりたいという人になにがしか役に立つことを願って本書を執筆しました。

　本書を執筆して改めて感じるのは、大学教員にとっての専門性の重要性と多様性ということです。大学教員がみずからを専門職と規定する以上、専門性はその存在意義にかかわる重要な条件です。専門性の最も核心的な部分は、知の創造であることに異論はないと思われます。「知識基盤社会」などと形容される現代社会では、知識の質や量が人々のあらゆる活動や生活に大きな影響を及ぼします。知識のもつ意味が重要になっている今日、その創造

にかかわる研究者や大学教員の役割は重大です。大学教員になるには、新しい知識、より高度な知識をもつこと、そのために長年月をかけて研鑽することが、まず求められます。

　大学教員に求められる専門性は、もちろん知識の創造だけではありません。創造した知識を社会に提供し、広く一般に伝えること、それを通じて社会の発展に寄与すること。これらの責務を果たすことによって、大学教員職という存在やその意義が社会に承認されてきました。その意味で、日本では研究と比較してやや軽視される傾向のある教育も、研究と同様に専門性の重要な構成要素といえます。

　しかし、日本の大学院教育では、大学教員に必要な教育面の専門性を形成しているとは、必ずしもいえないのが現状です。大学教員として就職すれば、いずれ授業を担当することになります。授業のほかにも、学生の学習支援や生活支援など教育関係の仕事を担当することになります。かつてのように、長い年月をかけて徐々にその仕事に習熟するという余裕は、多くの職場にはなくなりつつあります。極端にいえば、赴任したその日からすぐに仕事にとりかかることになります。しかも専門家としての質を伴うことも求められます。とすれば、教育活動に従事するための何らかのトレーニングを就職前に受けることは必要と思われます。大学教員の養成を目的（少なくとも目的の1つ）とする大学院では、このことは不可欠な視点といえます。

　従来の大学院教育に欠けていた視点を補うために、名古屋大学高等教育研究センターは大学教員準備プログラムという短期間の研修をこれまで行ってきました。その活動を発展させるため、2010年度からは、大学院教育発達科学研究科の正式科目として開講することにしました。今後、このような動きが全国の大学院に広がり、大学教員を志す人が同様の教育を受けられるようになることが期待されます。

　専門性が大学教員の存立基盤でありいかに重要なものであるとしても、それを形成することは現在の社会では決して容易ではありません。形成に要する時間は各学問分野の発展とともに長くなり、労力も多大になっています。数ある専門職のなかでも、大学教員という職が専門職養成の多くの部分を担

う、いわゆるキー・プロフェッションであることを考慮すれば、要求される専門性の高さは他の専門職以上であるといえるかもしれません。その分、その形成と向上には困難が伴います。

　しかも、大学教員に求められる専門性とは、ある時期に形成すれば以後もレベルを維持できるというようなものではありません。大学教員として就職した後も、専門職として活動しようとすれば、絶え間なく研鑽に努めることが必要になります。専門性は、そのような努力を通じて、辛うじて維持される性格のものです。

　その点で、専門性を過小評価しかねない言説が、一部の大学関係者の間からもみられることは残念です。大学教員職の動向を扱った書籍のなかには、教員の採用にあたって、公正な審査が行われていないかのような表現をしているものもあります。これなどは、大学教員としてのアイデンティティを、みずから否定することにつながらないでしょうか。とくに大学教員になることを切望し専門性を高めようとする、懸命で真摯な努力に水を差すことになりかねません。

　明日の社会を切りひらく知識を創造すること、その継承者であり新たな創造者である次世代の若者を育てること。これらの使命を、大学は社会から負託されています。大学や大学教員を取り巻く環境がいかに厳しくても、困難な条件を乗り越えて大学はこの使命を過去に果たしてきましたし、将来においてもそれが求められています。大学教員はその中心を担う存在です。将来大学教員として新たな大学の創造に参加されること、活躍に備えて高い専門性を獲得されることを願っています。

夏目　達也

索 引

〔ア 行〕

アウトリーチ　127
アカデミック・エートス　153
アカデミック・ライティング　69
アクティブ・ラーニング　43
安全保障貿易管理　147
委員会業務　102
移転可能なスキル　200
異動　189
異分野融合　112
英語による授業　143
オープンコースウェア　34

〔カ 行〕

外国人教員　145
科学研究費補助金　108
学術の専門家　198
学生参加型授業　43
学生相談　99
学生の就職　78
学問的高潔さ　156
学問の自由　17
カリキュラム　93
キー・プロフェッション　17
キャリア教育　83
キャリア形成支援　78
キャリアセンター　81
給与　21
教授法　37
競争的資金　108
教務・学生担当職員　99
形成的評価　51
研究管理業務　114
研究休暇制度　147
研究業績　117

研究不正　158
公正研究　159
高大接続　174
高等専門学校　167

〔サ 行〕

採用プロセス　179
査読　113
サバティカル　147
産学連携　131
指導教員　141
市民参画　128
社会サービス　123
社会のための科学　196
就職活動　78
就職支援　78
授業設計　26
授業の展開　41
授業の導入　40
授業のまとめ　42
授業評価アンケート　100
職業資格　15
職業倫理　152
女性教員　182
シラバス　29
新任教員研修　96
成績評価　49
絶対評価　51
専門学校　168
専門職　16
総括的評価　51
相対評価　51

〔タ 行〕

大学教員の原型　12
大学教員の倫理　152

大学設置基準　15
大学の国際化　137
大学の自治　17
大学ランキング　138
第三者評価　92
短期大学　166
知的財産　132
中央教育審議会　170
ティーチング・アシスタント　96
ティーチング・ポートフォリオ　38
トゥールミン・モデル　71

〔ナ　行〕

認証評価　92

〔ハ　行〕

博士号取得　181
ピア・サポート　82
筆記テスト　57
評価基準　50

開かれた大学　125
ファカルティ・ディベロップメント
　　92, 187
ポスドク問題　195
ポスト・ポスドク問題　195
ポートフォリオ評価　57

〔ラ　行〕

留学生　140
留学生受け入れ30万人計画　138
留学生相談　141
レポート課題　63
労働時間　19

〔A〜Z〕

FD　187
FFP　158
GPA　52
TA　96
Uカーブ理論　141

執筆者プロフィール（執筆分担、2010年3月現在）

夏目達也（なつめ・たつや）　　　　6章、12章、13章
名古屋大学高等教育研究センター教授
1955年愛知県生まれ、1985年名古屋大学大学院教育学研究科博士後期課程単位取得満期退学。主な著書に、『大学における初年次少人数教育と「学びの転換」』（分担執筆、東北大学出版会、2007年）、『もうひとつのキャリア形成』（分担執筆、職業訓練教材研究会、2008年）、『ファカルティ・ディベロップメントを超えて』（分担執筆、東北大学出版会、2009年）、『フランス教育の伝統と革新』（分担執筆、大学教育出版、2009年）などがある。

近田政博（ちかだ・まさひろ）　　　5章、7章、10章
名古屋大学高等教育研究センター准教授
1967年 愛知県生まれ、1995年名古屋大学大学院教育学研究科博士後期課程単位取得満期退学。主な著書に、『成長するティップス先生』（共著、玉川大学出版部、2001年）、『近代ベトナム高等教育の政策史』（単著、多賀出版、2005年）、『研究指導を成功させる方法―学位論文の作成をどう支援するか』（訳書、ダイテック、2008年）、『学びのティップス　大学で鍛える思考法』（単著、玉川大学出版部、2009年）などがある。

中井俊樹（なかい・としき）　　　　1章、2章、3章、4章
名古屋大学高等教育研究センター准教授
1970年三重県生まれ、1998年名古屋大学大学院国際開発研究科博士後期課程中途退学。主な著書に、『成長するティップス先生』（共著、玉川大学出版部、2001年）、『アジア・オセアニアの高等教育』（分担執筆、玉川大学出版部、2004年）、『大学教員のための教室英語表現300』（編著、アルク、2008年）、『学生と変える大学教育』（分担執筆、ナカニシヤ出版、2009年）などがある。

齋藤芳子（さいとう・よしこ）　　　8章、9章、11章、14章
名古屋大学高等教育研究センター助教
1974年東京都生まれ、2001年東京大学大学院工学系研究科博士課程単位取得満期退学。主な著書に、『研究者のための科学コミュニケーションStarter's Kit』（共著、名古屋大学高等教育研究センター、2008年）、『珍問難問　宇宙100の謎』（分担執筆、東京新聞出版局、2008年）、『大学生のための教室英語表現300』（共著、アルク、2009年）、『リーディングス日本の教育と社会12　高等教育』（分担執筆、日本図書センター、2009年）などがある。

高等教育シリーズ149
大学教員準備講座
だいがくきょういんじゅんびこうざ

2010年 3 月15日 初版 第 1 刷発行
2021年10月15日 初版 第10刷発行

著　者 ――――――	夏目達也・近田政博・中井俊樹・齋藤芳子
発行者 ――――――	小原芳明
発行所 ――――――	玉川大学出版部
	〒194-8610　東京都町田市玉川学園6-1-1
	TEL 042-739-8935　FAX 042-739-8940
	http://www.tamagawa.jp/up/
	振替　00180-7-26665
装幀 ―――――――	渡辺澪子
印刷・製本 ―――――	株式会社　平河工業社

乱丁・落丁本はお取り替えいたします。

©Tatsuya Natsume, Masahiro Chikada, Toshiki Nakai, Yoshiko Saitoh 2010　Printed in Japan
ISBN978-4-472-40400-9 C3037 / NDC377

玉川大学出版部の本

知のリーダーシップ
大学教授の役割を再生する
B・マクファーレン　著　齋藤芳子・近田政博　訳

大学教授がどのように知のリーダーシップを提供できるかについて、様々な「リーダーシップ」の形を提起しながら世界的に通用するアイディアを紹介する。

A5判並製　本体2,200円

＊

学びのティップス
大学で鍛える思考法
近田政博　著

大学での学習法や自ら学ぶ習慣をつけるコツを紹介する大学生活のスタートガイド。冊子・ウェブ版『名古屋大学新入生のためのスタディティップス』を一般向きに編集。

A5判並製　本体1,200円

＊

大学生のための「読む・書く・プレゼン・ディベート」の方法
改訂第二版
松本茂・河野哲也　著

知的生活を営む上で必要なコミュニケーション行為を支える4つの基礎力を、内容・形式両面から身につける。情報の収集・整理から主張・議論の方法までを実践的に学ぶ書。

A5判並製　本体1,500円

＊

大学教員のための授業方法とデザイン
佐藤浩章　編

大学教員に求められる知識と技術を提供。授業で学習内容をどう構成・配置するか、どう教えるのかを説明する。すぐに使える資料や授業実践例を掲載。研修の教科書として最適。

AB判並製　本体2,300円

＊

成長するティップス先生
授業デザインのための秘訣集
池田輝政・戸田山和久・近田政博・中井俊樹　著

名古屋大学ウェブ版ティーチング・ティップスの普及版。充実した項目参照、FAQ、索引で複合的に授業のコツを学べるように構成されている。

四六判並製　本体1,400円

表示価格は税別です。